U0947634

中层崛起

中层崛起

卓越中层的19个管理法则

THE MIDDLE RISE

华夏智库
金牌培训师
书系

郑 君·著

中国财富出版社

图书在版编目（CIP）数据

中层崛起：卓越中层的 19 个管理法则 / 郑君著. —北京：中国财富出版社，2013. 12

（华夏智库·金牌培训师书系）

ISBN 978 - 7 - 5047 - 4831 - 7

Ⅰ. ①中…　Ⅱ. ①郑…　Ⅲ. ①企业管理　Ⅳ. ①F270

中国版本图书馆 CIP 数据核字（2013）第 229224 号

策划编辑	黄　华	**责任印制**	方朋远
责任编辑	刘淑娟	**责任校对**	饶莉莉

出版发行	中国财富出版社（原中国物资出版社）		
社　　址	北京市丰台区南四环西路 188 号 5 区 20 楼	**邮政编码**	100070
电　　话	010 - 52227568（发行部）		010 - 52227588 转 307（总编室）
	010 - 68589540（读者服务部）		010 - 52227588 转 305（质检部）
网　　址	http：//www. cfpress. com. cn		
经　　销	新华书店		
印　　刷	北京京都六环印刷厂		
书　　号	ISBN 978 - 7 - 5047 - 4831 - 7/F · 2053		
开　　本	710mm × 1000mm　1/16	**版　　次**	2013 年 12 月第 1 版
印　　张	14. 75	**印　　次**	2013 年 12 月第 1 次印刷
字　　数	241 千字	**定　　价**	35. 00 元

版权所有·侵权必究·印装差错·负责调换

序言

企业组织分为决策层、中间层和操作层三个层次。中层经理承上启下，是企业的中坚力量，承担着企业决策、战略的执行及基层管理与决策层管理沟通的任务。

大量的案例和事实证明，企业的成功不仅取决于总经理，中层经理的水平也起到了80%的作用！在多数企业中，由于利益和职责界定模糊，导致部门之间、中层经理之间矛盾重重的现象比比皆是，而面对自己的左膀右臂，企业高层管理者则身处两难境地。不得不承认，领导不能代替中层干部去执行，中层干部也不能代替领导做决策。中层经理的素养与能力的缺失已经成为企业纵深发展的软肋！这也是促使我写这本书的动因之一。

中层经理是企业的中坚力量，他们的素质和能力直接影响到企业的生产经营和发展。如果把企业比做一个人，高层管理者就是“大脑”——思考企业的方向和战略；中层就是“神经”和“脊梁”——起着支撑、传导、协助和协调的作用，领受、传达和执行大脑的指令，使企业高层的意志顺畅快捷地到达四肢（基层），并将四肢以及企业各“神经末梢”的状态、结果和感受传回到大脑，使企业管理形成完整和良性的“有效回路”。

从职能、责任和作用来看，在企业管理的实现流程中，中层经理相当于老板的“替身”，又相当于基层管理者和员工的“化身”，衔接着企业组织的“上”与“下”，保证企业组织始终处于“活性状态”。

中层经理是企业战略的执行者——企业的成功取决于正确的决策

与有效的执行，二者缺一不可。如何提高中层经理的执行能力，成为关系企业成败的关键性问题。

中层经理是企业战术决策的制定者——中层经理要立足于企业全局和自己负责的部门，实施领导行为，严格执行和组织实施企业高层的决策方案，通过有效的战术决策，提高方案的实施效率，有效实现企业目标。

中层经理是高层和基层之间进行沟通的桥梁和纽带——在企业中，中层经理一方面起到将高层决策向基层管理者进行推行的作用，另一方面，也负有将基层管理者在实施过程中发现的问题向高层管理者进行反馈的职责。

中层强，则企业强。没有一支强大、高效、有力的中层经理队伍，就不可能打造企业执行力，就无法提升企业的凝聚力，就很难塑造企业的文化力，高绩效、高成长及高发展就只是口号和空谈，其结果只能是“高层有战略，员工无执行”，或者员工“想做不会做，会做不想做”。

2012 年夏天，我应客户的邀请，到位于深圳南山区的科技园的一家 IT 企业去辅导。由于担心他们领导忙，在辅导期间的许多活动我没有要求领导参加，但总经理却主动参加了其中的大部分会议。我对他们总经理说：“梁总，您管理着近千人的企业，如果没空，这些活动不需要您亲自参加。”他笑称自己不忙：“原来许多由我做主的事，现在都交给中层经理去做了。”梁总告诉我，以前他曾经特别忙，以至于自己约见的客人都得在门外长时间等候。现在，梁总笑称自己已是“闲人”了，因为中层干部得到快速成长，不称职的已经撤换。

假如中层“不中用”，领导将不得不抽出大量时间去处理原本应由中层经理该做的工作，协调部门之间的矛盾。由此可见，只有打造卓越的中层，才能“托起”领导，让领导腾出更多时间去思考未来可能遇到的困难，做出战略决策和战略调整。

本书能在较短的时间内出版真诚感谢秦富洋、方光华、陈德云、刘星、曾庆学、李志起、杨勇、李高朋、孙汗青、陈春东、王京刚、陈宁华、王军生、辛海、蒋志操、王咏、赵国星等人在制图、文字修改以及图书推广宣传方面的协助。

郑　君

2013 年 8 月 12 日于深圳

目录

第一章　中层干部的角色定位　// 1

第一节　自我认知——知道我是谁　// 3
第二节　清晰区分分内与分外工作　// 5
第三节　中层干部不应该做的事情　// 10

第二章　知人知心的沟通技能　// 17

第一节　向上沟通：拨动上司的“心弦”　// 19
第二节　平行沟通：把准同级的“心脉”　// 25
第三节　向下沟通：点亮下属的“心灯”　// 31

第三章　慧眼识才的选人技巧　// 37

第一节　中层经理的提问技巧　// 39
第二节　练就识人的“火眼金睛”　// 46

第四章　下属培训与辅导　// 57

第一节　用“教练”的身份培育下属　// 59

第二节　为下属做好职业发展规划　// 68
第三节　辅导下属提升工作能力　// 75
第四节　下属培育计划和实施　// 82

第五章　事得其人的用人法宝　// 89

第一节　懂得用人艺术　// 91
第二节　合理化用人法　// 92
第三节　复合化用人法　// 94

第六章　中层经理的高效授权　// 105

第一节　不重视授权，就不懂得管理　// 107
第二节　有效授权需要掌握的技巧　// 112
第三节　授权的难点和误区　// 120

第七章　目标管理　// 131

第一节　目标管理的导入　// 133
第二节　目标管理法的有效实施　// 139

第八章　下属激励艺术　// 145

第一节　建立激励机制　// 147
第二节　激励理论与运用　// 150
第三节　如何对下属进行有效激励　// 156

第九章　情绪管理与自我减压　// 165

第一节　抗压与解压　// 167
第二节　工作中的情绪处理能力　// 173
第三节　理清感受，界定“压力源”　// 179
第四节　心理压力的应对方法　// 184

第十章　员工关系与留人之术　// 195

第一节　员工跳槽的信号与理由　// 197
第二节　四种留人的思维　// 200
第三节　四种留人策略　// 211
第四节　构建和谐的上下关系　// 220

第一章
中层干部的角色定位

中层经理的位置确实非常特殊，既是执行者，又是部门（分公司）负责人，扮演着承上启下的角色。对下，他是上司的替身与代表，其言行代表着企业和上司；对上，他要遵守做下级的职业准则，严格执行上级的决定。所以，中层经理一定要认清自己的角色，做好自己的定位，才能发挥好管理的作用。

第一节　自我认知——知道我是谁

一、中层经理该做什么，不该做什么

中层经理究竟是干什么的？现在的中层职位多到数不清，每个职位所负责的业务范围也是千差万别。但是，从企业管理和企业的组织结构的角度来看，中层这个角色，无论什么样的职位，都承担着沟通上下级，为高层分担压力，并且统率基层员工，做好具体工作的任务。

如果说公司的老板是大元帅，公司的总经理是军长师长的话，那么中层就是连长排长，在作战的时候，中层不仅要贯彻上层下达的作战指示，更要冲锋在前，为自己手底下的战士做好榜样。基层军官是军队的灵魂，中层领导是公司的脊梁。

管理学中有“替身原理”一说，是指上下级之间的特殊关系。例如，老板授权给中层，让其代为处理事务。此时，中层就要坚决执行老板的决议，即使在执行途中出现了变动或有自己的意见，在没有禀报上级、老板没有做出应对策略之前，任何争议都是没有意义的。中层要做的就是坚决执行，而不是擅自做主，改变老板的初衷意愿。因为，老板是委托方，而中层是代理方，既然授权于你，就要高度尊重委托方的意愿，这也是对老板高度负责的表现。这就是中层作为企业的脊梁的责任和义务。

企业管理是对企业的生产经营活动进行组织、计划、指挥、监督和调节等一系列职能的总称。一个企业无论是处于繁荣发展阶段还是濒临经济衰退的时期，都有这样一类人始终负责执行企业战略，推行组织变革，并带动员工积极参加企业的各项建设，他们便是企业管理的缓冲带——中层经理。

作为中层，对上，要以企业利益为工作目的；对下，要以满足员工的基本利益为目标；而对企业，则要从全局角度出发，为企业寻人才、谋发展，

做企业管理的缓冲带。这期间，中层不但要搞好人本管理，更要搞好执行力，以身作则，身先士卒，建立并做好示范带头作用，对企业负责，带动员工创造更多的生产价值，把缓冲、协调的作用发挥到最大。这就是身为中层的工作范围。

总之，中层是企业的脊梁。身为中层，不但要做到“上情下达”或“下情上报”，更要及时协调上下级之间的关系，这样才能更好地服务于老板和员工。只有这样的中层，才能获得老板和高层的赏识，成为企业的中坚，成为真正的栋梁之才。

二、当好中层，让上司挺直腰杆

对企业来说，中层的地位可谓重中之重，关系到一家企业的生死存亡。因为中层“上传下达”，起着为企业协调阴阳、凝聚元气的关键作用。阴阳不调，人就会生病；元气散乱，身体就会变得弱不禁风。如果说高层管理者是大脑，统筹全局，把握大方向，基层员工是手和脚，听命行事，那么中层就是腰：聚元气，疏通道，上对高层负责，下对基层执行。

俗话说，腰板硬了，头才抬得高，走路才精神。一个人腰无力，就会元气不足，头晕眼花，昏昏沉沉，站不稳，走不快。腰不好，领导就头大，基层也有火，郁积一久，企业就会出问题。

所以，一个好的中层，就是企业坚强的脊梁，会协助高层将命令传达到基层，对基层工作的执行随时监督和完善，将决策落到实处，见到效益，并将基层的意见反馈至高层，帮助高层做出新的更有利的决策，让公司的运营顺畅无阻。

为什么把中层比喻为人体的“腰”呢？因为中层经理的作用和人体的“腰”所起的作用类似，在企业中承担着四种使命：沟通者、协调者、建设者、执行者。上面的命令传到基层，需要中层的过渡；下面的意见上达高层，需要中层的代劳；上下联动，齐心协力，需要中层的协调；企业的未来，需要中层一砖一瓦地建设；而高层的决策和意图，中层又是第一个执行者。换言之，中层既承担着管理的角色，又是一个优秀的被管理者，集双重角色于一体，职位虽不高，任务却很重。

如果没有中层这个挺直的腰，即使领导者再英明伟略、硬件再先进漂亮、基层员工的素质和执行力再强，企业仍然免不了磕磕绊绊，陷入种种不可预测的困境！恰恰就是这一点，是目前很多企业的缺陷和不足。常常听到许多高层诉苦：自己的决策中层不能领会，执行管理混乱，真是一将难求；基层也常常抱怨，部门经理老害自己被老总批评，将相无能，累死三军啊……

优秀中层的作用即在于此，不仅能为高层排忧防患，还能保障基层的利益，所谓协调阴阳，使各方利益达成一致。既减轻了“头”的重负，又能让“四肢”舒展自如，整个“人”都精神抖擞，活力十足。有好“腰”如此，公司的利益自然能够最大化，前景当然一片大好！

腰好用，人精神；中层好用，企业才有活力。判断一个中层经理是否优秀的标准，就是他能为公司体现出来的价值大小。人要追求健康，就得有一个好腰，这里是人的肾脏，人的中转站，阴阳调和之地，企业要追求发展，就得有一批召之能战、战则必胜的优秀中层。

因此，“好用”的中层才“顶用”，有能力的中层是企业的中坚。作为中层，对上要负责，对下要监督。反过来，对下也要负责，对上也要观察和谏言。中层的角色就像古代良相，宰相肚里能撑船，撑的是包容的船，是洞察一切的胸怀。

有这样的胸怀与眼界，就可以迅速领悟上命，坚决执行，并能够与基层打成一片，凝聚团队力量，在上下之间游刃有余。如果你具备这样的素质，那么就一定能成为最优秀的中层，成为企业的中坚力量！

第二节　清晰区分分内与分外工作

一、在其位：该自己做的事，不缺位

法国著名的寓言大师拉封丹曾经讲过一个“胃和四肢”的故事：

由于身体已经感觉非常疲惫，四肢再无力支撑胃的工作，于是决定过悠闲的生活。身体的其他器官也非常羡慕，胆说："如果没有我们的劳动，胃只能去喝西北风。我们辛勤工作就是为了养活胃，所以我们就想罢工，让它明白离开我们是无法生存的。"于是手不拿，臂不挥，两腿也歇着，大伙齐心让胃自己想办法去找吃的喝的。然而，大伙犯了个后悔不迭的错误：四肢这些可怜的东西很快就感到衰弱了，心脏没有新的血液供给，四肢难受，逐渐没有了力气。这个时候四肢终于明白了，它们认为悠闲不干事的胃，对集体的贡献实际上不比任何人少。

这则关于"胃和四肢"的故事告诉了我们一个重要的管理学原理：只有每一个职位上的人都各司其职，各尽其责，一个整体才能有机地运作起来，每一个人才能够从整体的运作当中获利。"四肢"最后之所以尝到了恶果，就是由于它们没有尽到自己的责任。这样一来，受害者不仅是它们自己，更是连累了整体。在企业管理中，经常会出现管理者不能认清自己的职位所产生的角色错位、角色缺位、角色模糊现象，殊不知这种现象是造成企业内不能有效授权的最直接原因。

那么什么叫"在其位，谋其政"呢？就是管理者在工作中做自己的本分工作。而在现实生活中，很多管理者会发生角色错位，他们没有或者是没有全部完成自己分内的工作。关于这一点，很多人说做自己分内的事情是最容易的，殊不知做这些事情也是非常困难的。在企业或者是组织中，很多工作人员都没有找到自己的角色定位。

在创业的时候，很多年轻人都是尽量做到亲力亲为，无论做什么事情，都希望自己能完全掌握事情发展的动态，然后下命令，吩咐下属去完成。这种现象会一直存在，而且很难有所改变。当他们创业成功的时候，一般都会跟随一些元老级的员工，但他们希望自己的亲信是自己的亲戚，因为他们可以保证对自己忠诚，办事让人放心。所以，几乎所有的老板都希望自己的亲朋好友来帮忙。有些老板甚至连亲戚也不想用，什么事情都自己掌握，这样一来就容易发生角色错位，不利于企业的发展。

所以，中层作为企业的中坚力量，要做到位，认清自己在公司的角色，尽到自己的责任，该自己做的事就去做，不缺位；不该自己做的就尽量不去做，不串位。

二、做到位：恰到好处行使职权

作为中层经理，最忌讳的恐怕就是下级的“越权”。作为一名中层经理，一定要明确自己与上司的职责和权限，做到不越权，而且要恰当地使用自己的职权，配合上司的工作，使组织任务顺利完成。那么，中层经理如何才能做到恰当地使用自己的职权呢？

1. 明确自身的职权范围，力避与上司的权力重叠

俗话说“各司其职，故天下方能大治”。如果你是一名中层经理，你应该明白自己的职责是什么，什么该做，什么不该做。如果与自己的领导发生矛盾，一定要从公司的利益出发，认真思考，认真对待。如果与上司的职权发生交叉或重叠，一定要第一时间汇报上司，通过协调、讨论、信息沟通等方式使自己与上司的权责进一步明确化，从而保证上下级间友好相处和各种工作的正常进行。只有这样，才能实现企业利益的最大化。

2. 利用自己的职权，很好地配合上司的工作

在任何组织中，领导都是居于统治地位的，负责统领全局、协调指挥，在需要做出决定的时候，会制定正确的决策，然后命令下属将其付诸实践。因此，在领导下命令之后，中层经理一定要配合上司的工作，把上司的指示落到实处，而且在实施的过程中，遇到困难要积极解决，充分发挥自己的领导力，使决策继续实施。如果领导的工作出现了错误，中层经理应适时做出改正，可能的话还要承担责任，这样可以提高领导的威信。

3. 在特殊情况下，适度“越权”以利大局

比如，当上司不在“家”时，有一项决策需要立即实施，但上司又没有指示，而这项决策牵涉整个部门的利益，在这种情况下，中层经理就要拿出积极主动的精神，替上司作出决策，以便于工作的开展，上司自然也不会责怪你。

或者，当上司不便出面的情况下，拿出独当一面的勇气替上司行使职权，为上司排忧解难，反而能显出你对上司的忠心，赢得上司的信任和重用。

当然，替上司行使职权，只限于在特殊情况下，一旦特殊情况消失，中层经理就要立即回到自己的位置，配合上司的工作。

总之，中层经理一定要分清情况，恰当地使用自己的职权以维护上司的权威，使上下级关系和谐融洽，推动整个组织的工作顺利开展。

三、不抢位：不侵扰下属的职责范围

作为中层经理，要注意：不应该代行下属职责范围内的事。在工作中，一定要对下属划分明确的职责范围，而且制定出近期和长远的奋斗目标，千万不能把下属作为临时使唤的一种工具。如果你经常临时给下属安排工作，不仅体现了你平时工作的不到位，更让下属觉得你不信任他们。这样做的结果，不但下属的工作十分被动，而且会出现互相推诿、不负责任、人浮于事、办事拖拉等现象，使部门工作难以正常运转。

一旦使下属明确了自己的责任，一定要放手、大胆地让他们自行处理分内的事情。一般来说，凡是属于下属职责范围内的事情，上层领导尽量不要插手，更不要代行下属职责之内的工作。一旦授权给下属，一定要尽可能地创造条件发挥下属的主观能动性，这样不仅可以提高部门工作效率，还能增强下属的信心，取得事半功倍的效果。否则，不仅会使下属感到不满意，还会影响领导在下属心中的形象。

比如现在有些企业的中层经理，总是感叹自己很累，总是有处理不完的事情，总是有解决不完的问题，下属总是不尽力，员工效率总是不高，等等，每当遇到类似情况，中层经理们总喜欢马上“出手”，侵扰下属的职权。殊不知，自己这么累都是代行下属职责之内的工作的缘故。

在山东，有家企业的管理者非常喜欢亲力亲为。例如，如果下属渠道维系不到位，自己便亲自打电话联系，甚至登门拜访；如果分公司的回款不及时，或是货款拖欠，自己便亲自上门要钱。他不仅要处理生产，还要处理销售，更要盯紧财务，甚至关注人员招聘考核。

为什么会这样呢？是因为现在很多企业的管理者总是不放心下属会把工作做到位。

第一，很多领导总是认为无论做什么工作，下属绝对不如自己。因此，

他们就想自己做，来达到更好的效果。长此以往，就会出现下属很轻松，而领导则忙得团团转的怪现象。此时的领导总是抱怨下属的不给力和不争气。下属呢，则抱怨管理者不给机会。甚至听到老板抱怨累，抱怨他们不争气的时候，心底会默默来句“谁让你不给我们机会做，累死你活该”。

第二，在安排工作的时候，很多领导从来不规定完成任务的期限，临到了的时候再去逼迫员工。这样做不仅得不到满意的效果，而且也会遭到下属的抱怨。例如，有位管理者总是说：小刘，这个月你把江浙区的经销商和分公司走一遍，听听他们的反馈和产品销售情况，我们也好依据这些制订明年的市场计划。谁知道到这个月中旬的时候，他问小刘情况时，小刘感到莫名其妙，说：“您不是说这个月吗？这才月中，我准备下旬去。”所以，如果不给下属设定完成工作的期限，必然会导致不好的结果。

再举个例子，有一天，一家销售型的公司的管理者给即将出去跑业务的销售人员布置工作。当时他说：“各位同事，大家今天出去跑客户的时候一定要努力。”但他没有规定应完成什么样的目标，要跑出多少意向客户，要成交多少客户。所以大家出去跑了但是结果却不理想。

如果你是一名中层经理，一定要记住：第一，无论下属能做到什么程度，凡是下属应该做的事情就让他们自己去做，只有这样，才能使下属不断成长。第二，对下属布置工作，要限定时间，限定结果。在特定时间做出必要的成果，也是员工的责任。没有时间限制，下属会养成懒散拖延的惰性。不注重结果，下属就会被动去完成任务，而不是自主地去拿到工作成果。

因此，领导一定不能与下属抢“责任”。无论在什么时候都要明确分工，相信下属，设定期限，关注成果。只有这样，领导才不会那么累，而下属也会得到很大程度地提升，何乐而不为呢？

卓越中层的管理法则 *1*：不越位、不抢位，做到位，主动补位。为上级当好“替身”，为下属当好榜样。

第三节 中层干部不应该做的事情

一、常见的角色错位现象

很多中层经理之所以做错事情，是因为他们不能把握好自己的角色，致使出现各种“角色错位”现象。归纳起来，主要有以下几种现象：

1. 同情者

有时，我们经常会看到企业里有这样的场景，在公司里的某个场合，几个员工在抱怨公司的考勤办法严厉。某经理也跟着说：“是有些不近人情，其实根本用不着这么严厉，大家都会比较自觉……”在部门里或在私下里，当下属抱怨公司的高层或公司的制度、措施、计划时，有些中层却跟着一块骂，表示同情。这种角色错位表面上看下属会觉得经理不错，挺向着他们的，但实际上往往容易造成员工思想上的混乱，而且不利于树立中层经理在部门里的权威。

2. 代表个人

在公司里，经常会看到或听到有的中层经理说：“刚才我说的这些，只代表我个人意见。”这也是中层经理的角色误区之一。对上司而言，你可以代表整个部门的意见，也可以是你个人的意见。值得注意的是，部门意见一定是部门内部讨论后形成的意见，而不是根据部门私下议论而形成的意见。但对同级或下属说只代表个人意见是不对的。这时候，只能有职务意见，而不能是个人意见。对客户和供应商，更没有什么“个人意见”，只有“职务意见”。

3. 把一亩三分地完全看成自己的

有些中层经理，往往把自己的工作当成地盘。无论做什么事情，总是先经过他的审查，在他看来，其他的人根本无权过问。有时，这些中层经理为了个人和小团体的既得利益，工作中考虑的是以本部门利益为中心，而较少考虑企业的整体利益；不是部门支持流程，而是要求流程围绕部门转。这些现象都是“垄断”错位。

4. 把自己当成“民意代表”

有些中层经理把自己看成了群众的“救世主”，如果出现什么问题，他就代表大家跟上层领导谈判。如果听到下属在抱怨，他就会马上站出来，为员工打抱不平。很多中层经理认为我在向上级反映情况，我把来自基层的想法反映给上司难道不对吗？这种想法的初衷是对的，但要注意你不是“员工代表”，不是“群众领袖”，因为你的职务是被任命的，不是被选举的。你的话或许得到了员工的认可，但这并不能说明你真的是代表广大群众的意见，而是因为在他们看来，你应该这样做。在很多情况下，当听到有人在抱怨，并不是向你抱怨，而是抱怨公司时，作为中层经理的你应该向员工解释和说明。但是，有些中层经理往往是没有耐心，只是告诉大家公司这样规定，自己也没有办法。这样做实际上就是没有履行自己的职责，导致角色错位状况的出现。有些中层经理在向上司反映“民意”的时候，往往成了上司的对立面，替基层说话。谁是救世主？他是救世主；谁是坏人？公司的最高层领导是坏人。所以，在企业里面往往只有一个恶人，那就是公司领导；所有中层经理都是好人，都要替员工说话，都要代表员工的利益。其实这是不对的。

二、上下推卸责任

有位中层主管开会迟到，他不仅没有对此感到抱歉，还对其他同事抱怨起来：“这个鬼天气，昨天还出太阳，今天一早就下起雨，害得我迟到！”作为主管，开会迟到不说，还怪起天气来。这种找借口推卸责任的行为，不仅不能为他找到台阶下，还为他日后的管理工作埋下了隐患。有句话说，上梁不正下梁歪。在工作中，这种有意无意地推卸责任的表现，是很多中层经理的通病。而且推卸责任的方式，可谓千奇百怪、层出不穷。

1. 平行推

有一家企业开年终总结会，老板说：“销售部首先来检讨一下，为什么今年的销售任务才完成75%？”

销售经理说："这不能怪销售部，要怪就怪品管部，因为今年品管部放出来的货次品太多。"

品管经理说："这不能怪品管部，要怪就怪生产部，我们铺出去的货都是生产部生产出来的。"

生产经理说："这不能怪生产部，要怪就怪研发部，因为研发部今年开发的产品工艺太复杂，很难生产。"

研发经理说："那不能怪研发部，要怪就怪采购部，我们制作样品的材料经常不能及时供应。"

采购经理说："那不能怪采购部，要怪就怪财务部，本来我们今年的费用预算就很少，还被财务部砍掉了1/3。"

财务经理说："那不能怪财务部，要怪就怪销售部，他们经常不能按时回收货款，应收款压了一批又一批，导致资金周转不灵。"

最后，责任又推回了销售部。每个经理都把责任往外推，推了一大圈，还是谁都不肯承担责任，谁都不认错。老板又能推给谁呢？最后，只有老板自己一个人默默地承担。

这个世界上没有不会打仗的士兵，只有不会指挥的将军。没有管不好的员工，只有不会管理的经理。一个部门做得好不好，取决于部门经理的管理，所以你又怎么可以把责任推给别人呢？

一支球队里，一个队员不好，可以换掉；两个不好，也可以换掉；三个不好，还是可以换掉……可是整支球队不好，要换掉谁？换掉教练。同理，一个部门，一个员工不好，可以换掉；两个不好，也可以换掉；三个不好，还是可以换掉……但是整个部门不好，要换掉谁？部门经理。所以，作为中层经理只有一个选择，就是不断地学习、成长、修炼。只有这样才能领导好下属，才能赢得下属的认可，才能提高团队的整体战斗力。

2. 往下推

某公司开销售会议，因为销售目标没有完成，各个销售经理都受到了批评。可是有个销售经理却反驳道："这一点我不赞同。你们都不知道，我销售部的那几个家伙，个个笨头笨脑，做起事来更是笨手笨脚，就像一头头猪。你叫我怎么带好他们，做出好业绩？”

听到这样的言辞，同为经理的你，不知作何感想？我倒想问问他：“下面个个是头猪，那上面的经理应该是什么？”答案是猪头。如果下属真是头猪，你不去换掉他，那你不是一头更大的猪吗？

记住，没有管不好的下属，只有不会管理的中层经理。这种出了问题就抱怨别人、做不好事情就推卸责任的中层经理，既不能在下属心中树立起威信，也难以受到企业的重用。

3. 往上推

某部门因月销售指标未达成，老板责怪道：“张经理，这个月你们怎么没完成销售指标呢？”这个经理甚至比老板更来气，回答说：“老板，月初我就说这个行销方案行不通，你硬是要我这样去执行，你叫我怎么去完成销售指标？”这个经理竟然直接把责任推给老板。

作为中层经理，理应具备多种能力和品质，所以，担当责任是当下中层经理首要的品质。

三、把自己当成了“包工头”

“包工头”的工作非常简单，只要将上级交代的任务进行分解，分派给下属，过程中及时进行督促，就可以保证任务圆满完成，从而使自己所承担的管理职责得以履行。但事实上，这样的工作方式，已经不再适用于这个时代。

下属从“包工头”手中领来的只有任务，工作过程中，遭遇的也只是密切的监督，时常还会因为出现一些问题或不足而遭受苛责。缺乏交流与沟通，工作中很难产生有效合作，更不用说建立什么必要的信任。

面对一个“包工头”式的中层，下属们很难产生什么好感，他因此也就失去了群众支持；缺乏必要的交流与协作，工作会因此效率低下，因此他很难干出像样的成绩，没有了这些有力后盾，他自然也就不会变成公司的中坚力量，他的职场晋升机会就会变得非常渺茫。

某公司提拔新人，新任命了一位经理，他的才华得到了大家的公认，对于他上任后的工作都寄予厚望。不过他刚走马上任一周，老板的办公桌上就堆满了员工对他的投诉，几乎他的每个下属都参与到了这次“造反”之中。

一时间，千夫所指，众意难违，老板也没有办法，无奈地把他叫到办公室内，宣布了他的免职命令，为了缓和公司内的气氛，最终让他到外地分公司去暂时避避“风头”。

这位中层经理到底犯下什么滔天罪行，引起下属如此强烈抗议和指责？来看看员工们所写的投诉信，就可以对情况有个大致了解。

一位员工的话颇具有代表性，但又会让人产生啼笑皆非的感觉，他写道：“每次上班时，从走进办公室第一秒钟开始，就感觉背后有一双眼睛紧紧盯住自己的言行。不管我做什么，他都像扫描雷达一样盯着我不放，他就像一个录音机，时刻记录下我所说过的每一句话。监督着我、审视着我、评价着我……我都不知道自己这一天是怎么熬过来的，太可怕了！”

还有员工非常愤慨地揭露：“他就像个吃人不吐骨头的周扒皮，像监工一样看着我们工作。就像我做计划表这么简单的事情，他五分钟就会过来问一句，小王，弄好没有？然后指手画脚一番，说这也不行那也不行，都不如他的意，就好像我自己什么都不会干一样。遇到这样的领导，我宁愿辞职回家！”

看到这里，我们对于这位经理的工作方式也许会有一个大致的了解，对于他的失败也就能找出一个根本的原因。这位经理是优秀的，有一定能力，不然他不会被上司提拔坐到这个位置上，不过他最终面临的却是失败的结果，其中根本的原因就在于他不恰当的工作方式。工作中，经理只是在意自己的意见，忽视了员工的感受，只考虑工作的进度，忽略了对员工的尊重和空间给予，最终，当员工不能忍受他的工作方式，选择集体爆发的时候，也就是这位新经理离开他工作岗位的时候。

现代社会是一个以“自由”为主题的社会，人们会更多地探求自我价值的实现与认可，在工作当中，也会同样表现出这种要求。员工们希望自己有独立的工作空间，在相互交流过程中，能够保持自己的自尊，他们不习惯被“命令”，更不愿接受被“监管”的工作方式，一旦他们的这些要求不能得到满足，那最终就会出现上面故事中所描述的情形。这位新上任的经理，显然还没有认清这一文化环境的变化形势，依然采用“包工头”的方式进行监管，最终才让他遭遇被调离的尴尬情形。

与“包工头”的工作方式不同，如果一个中层经理，懂得在自己的管理活动中加入更多温情的内容，他的员工也许就可以展现出更多的活力，而团队的工作效率也会获得显著的改善。

在俄亥俄州的奈尔斯，坐落着美国钢铁和国民蒸馏器公司的子公司RMI。在一段时间里，RMI公司的工作效率非常低，利润率也上不去。

一个叫吉姆·丹尼尔的人改变了公司这一状况。

吉姆·丹尼尔就任这个子公司的负责人后，采取了大胆改革措施。他让人在工厂各处贴上一些标语：“如果看到一个人没有笑容，请把你的笑容分享给他。”“只有自己兴致勃勃，事情才可能取得成功。”在标语下面都会签有“吉姆”的名字。

吉姆·丹尼尔还制作了一个特殊的厂徽：一张笑脸。命人在办公用品上，在工厂的大门上，在厂内的板牌上，甚至在员工的安全帽上都绘上了这张笑脸的图案。

在公司内部，人们常常可以看到吉姆·丹尼尔喊着员工的名字热情地打招呼，满面春风地向员工征询意见，同时，员工们也非常乐意围绕在吉姆的周围，听他讲各种事情，也把工作中的一些情况与信息反馈给他。即便是和工会主席一起出席会议解决劳资纠纷时，吉姆·丹尼尔也依然面带笑容。

最终，只用了3年时间，在没有增加明显支出的前提下，RMI的生产率却惊人地提高了8%，公司总体成绩获得增长，吉姆因此获得了职位晋升，成为总公司的副总裁。后来，RMI公司的厂徽被美国人称为“俄亥俄州的笑容”。

吉姆·丹尼尔所采取的改革，其实就是改变了公司的管理文化。面对公司经营不景气，员工生产积极性不高，他通过打造充满活力的工作环境，通过与员工之间的积极沟通，最终充分调动了员工的工作积极性，也达到了改善经营状况的目的。

在吉姆所采取的具体改革措施中，最关键的，就是摒弃了以前“包工头”式的管理方式，让工作环境变得更为温馨，不再让员工感受工作的枯燥，在工作中开始接纳员工的意见，这就充分调动了他们的工作积极性，从而让他们以更积极的状态投入到工作之中。当然所有这些付出，也都得到了最好的回报。

作为中层领导，你会负责一个部门，负责一个子公司，在你的管理过程中，必然会带出自己的管理文化，看看前面不同的故事，看看不同管理方式所产生的后果，也许这会对你开展管理工作形成有效借鉴。类似“警察”和“包工头”这样的角色，真的不适合一个出色的中层经理。

第二章
知人知心的沟通技能

察人、识人、知人，是当今中层经理获得成功的重要手段。对于中层经理来说，“一眼把人看透”“知人知面知心”更是事业成功的助推器，是品味人性的益智游戏。看人之道，博大精深；运用之妙，存乎一心。一位真正的察人高手，往往能从别人不注意或很小的事物中看出很多重要的东西来。

第一节　向上沟通：拨动上司的“心弦”

一、伤什么都不能伤面子

人们尤其爱面子，作为领导也不例外，他们似乎更加在乎下属给自己面子，以此来判断下属是否尊重自己，是否可以被重用，下一个晋升指标是否该给你。所以，作为中层干部，领导的面子一定要给，并且要给足。

马凡大学毕业后，应聘到一家平面设计公司工作。上班第一天，就有好几个同事告诉她，某领导是多么老奸巨猾，以权谋私，与他接触一定要小心谨慎，不可招惹了他。可也巧了，马凡正好被分到那位领导手下，同在一个办公室。结果出乎众人所料，那位领导竟然帮助马凡在第一个半年领到5000元奖金。

同事们吃惊，马凡也很不解。后来马凡在无意中读到一篇关于情商与其影响力的文章，她才明白那位领导之所以帮助了自己，是因为自己对他表示了友善与真诚的关心。其实，当同事们告诉马凡那位领导多么不好时，她并没有多想，她只是认为：我是新来的，与别人没有任何利益冲突，应对大家一样友好。马凡对那位领导表示了特别的关心，而且从不在别人面前说他坏话，当有人说他不好时，马凡还会为他辩解，这样马凡为她的领导解决了很多面子上的问题。

因此两个月后，那位领导便让马凡与他一起策划一个新的工程，这样马凡不仅学到新的东西，得到领导的表扬，而且还领到了奖金。

作为下级，对别人对自己的上级的一些评论不要过多参与，如不得已可以保持沉默，一笑而过。

对上级交代的任务要尽职尽责，遇到问题要勇于承担责任，遇到重大问题请示汇报，并提出可行性建议，以供上级参考。

对上级的缺点和过失绝不能背后议论，更不能四处传播有关上级的隐私，破坏上级的形象。如与上级意见有冲突，可以坚持己见，但态度一定要平和、谦逊，注意用商量和探讨的口吻，不能使用过激语言，以免因小失大，否则后果难以设想。

维护上级的面子，也就是维护上级的威信，这需要从点滴小事做起，因为一件小事就足以看出下属是否在真正维护上级的面子。

1. 对不同领导要有不同的留面子方法

俗话说："千人千思想，万人万模样。"所以说，领导也是千差万别的，对于不同的领导就要采取不同的留面子方法。有些领导争强好胜，那么你就要让着他一些，工作中尽量尊重他的大决策，如有异议可以试着听听上司的意见，做一点小小的改动。

2. 给领导留面子要不露声色

有些领导，有时为了接近群众，走进员工生活，常常会和自己的下属开展各种各样的娱乐活动，例如，打打球、下下棋等，这时，作为下属，即使你的球艺和棋艺再高也要给领导留足面子，你可以给予他一点照顾，让他赢的顺理成章，让自己的让步不露声色。

卓越中层的管理法则 *2*：照顾对方的面子，才能有效沟通。沟通的重点不在于将话说对，而是让对方容易接受。

二、威信是上司的敏感神经

什么是威信呢？威信是一种社会心理现象，是客观存在的，它会使其他人心甘情愿地接受对方影响。所有的老板，都希望树立自己的威信。他们希望自己的员工都能无条件地服从自己。在工作中，如果一些员工的做法危害了老板的威信，那么必然不会有什么好下场。

无论是在哪个企业，身为下属的你一定要懂得维护上司的威信。你维护了上司的威信，上司定会感激不尽。维护上司的威信，需要从一点一滴做起，一件微不足道的小事就能看出你是否在真正维护上司的威信。

因此，作为企业的中坚力量，更要学会与自己的上司相处，别触碰上司的威信，同时需掌握以下关键点：

关键一：听上司的话

在工作中，当老板给下属安排下任务来的时候，他肯定是站在公司的利益上进行深思熟虑之后的结果，下属应当无条件地服从，千万不能因为自己的情绪或者是心情而影响整体的工作进程。

关键二：做上司的好员工

一个公司的正常运行，需要好老板和好员工的密切配合。如果只有好老板，而没有好员工，必然会使公司没有依靠；如果只有好员工，而没有好老板，必然会导致公司没有精神支柱。二者只有密切配合，才能共同发展。

关键三：照上司的指示办事

如果员工不按照老板的意思行事，就不可能完成工作，也不会达到公司所设定的目标。最终，员工也不会得到实惠。

关键四：适当赞美上司

人人都希望得到表扬，同时人们也需要别人的表扬和赞美，领导也不例外。在称赞领导的时候，一定要注意方法和技巧。如果只注意方法而无视技巧，必然会弄巧成拙，造成不好的结果。有的人之所以能得到别人的赞扬，肯定是因为有独特之处。有的人是专业技术水平高，工作成绩突出；而有的人则在社交方面有特长，有与客户打交道的能力。因此，在称赞上司时应针对不同的情况，给予不同方式的称赞。

关键五：不与领导争名

在商场中，生意人最讲究的就是面子。在开会的时候，如果有什么成就需要表扬的时候，一定要把领导说在最前面，正因为他们的正确领导，其他人才能稳步向前。在归功的时候，一定要把功劳让给领导。你越是争，领导越是贪；你越是让，领导越是要示以大度：事情是大家做的，功劳是集体的。反正这种气氛已经形成，何不表现出应有的度量呢？一旦让领导发现你是个好名之辈，他会随时提防你，什么时候没准篡了自己的位，这种人不能重用，搞不好找个机会就会开掉你。

三、成为被上司欣悦的下属

中层经理如何才能做个上司喜欢的好下属呢？又应该遵循哪些定式呢？

1. 随时报告工作进度

在中国，所有的领导都喜欢揽权，自己独掌大权之后，再进行自上而下的分配。不要以为领导什么都不知道，其实领导之所以能成为领导，必然有他们的独特之处，他们可以掌握你的一切行踪。所以，一定要随时报告工作进度。这样一则领导可以随时了解工作进度，如有偏差，及时纠正；二则利于控制大局，保证工作按时按质按量完成。

所有的领导都喜欢被下属追捧，都喜欢员工请示自己。作为员工，就应该满足他们的“虚荣心”。在公司里，如果有机会，可以到他的办公室坐坐，聊聊自己这段时间在忙什么。如果你出差，无论有多忙，都要给领导发个邮件，他们会非常高兴。如果条件不允许，就打个电话，哪怕发发牢骚，让他知道你不是在家里歇着。特别是有意外情况，更要马上通报，若等事后他从别的渠道知道这个消息，你的苦日子就要来了：轻则一顿臭骂，紧紧皮肉；重则收回授权，从此不再重用。如果需要请客吃饭，一定要事先沟通。如果超出了支出，一定要再打电话请示，只有这样，在请老板签字的时候才不会被“嫌弃”。

所有的老板都喜欢下属汇报工作。纵使他在表面上表现出嫌弃和讨厌，如果一直没有人给他汇报工作，他就感觉没有人重视他。所以，向老板汇报工作是非常有必要的。

2. 巧妙表达自己的意见

（1）会上必须真诚支持老板提出的建议。即使老板提出的建议不合常规或者是不合你的心意，也不能当场提出来。他们或许是故意这样说的，千万不能上当。你实在忍不住要讲，也要在会下以一种极其委婉的语气试探性的带上一句，这时老板多半会让你完善一下这个提议，既给了你锻炼的机会，又保全了自己的面子，同时解决了问题。这才是老板希望看到的结果。

（2）在部门之间进行合作的时候，一定会遇到很多矛盾。此时一定要放宽心，放平心态。无论别人如何在老板面前告你的状，一定装“听不见”，也不能说别人不好。常说别人不好的人，会给领导两种印象：一是工作能力差，自己做不好又推诿责任，以致恶人先告状；二是在领导背后搞帮派，铲除异己。即使是因为其他人的工作出现错误才导致了失误，领导也会转变话题，这时你不能横加阻拦，或者是进行反抗，而是应当跟随老板的思路，千万不能继续说别人的不好，要以不变应万变。如果实在要说，起个头即可。他表示知道了就赶紧打住。给他人留个面子，也是给自己留条后路。毕竟今后还要共事，这才是上策。

（3）如果发现领导有错并且也需要指出的时候，一定要想好万全之策。你应当记住：你提出老板的错误并不是为了表现自己，更不是为了看领导的笑话。而是先准备好台阶，再让领导四平八稳地走下来，顾全领导的尊严，领导会对你另眼相看。这样不仅能挽回损失，也能使领导脸上有光，让领导满意，进而让公司的上司更满意。

3. 注意细节，让领导轻松

虽为领导，他们的工作量也是非常繁重的，不仅要让下属安心地工作，还要进行应酬，各种各样的事情根本忙不完。很多细节他们都无暇顾及。他不注意，你不能不注意。在一些小事情上主动些，替领导考虑，久而久之，领导会注意到你的。比如请领导签字时，拿着签字笔过去，将打开笔帽的笔递过去。比如签合同时，将要领导签字的页用书签标好，一下就能找到。为避免把合同翻过来，你应当替领导按着翻开的页码。在做报告的时候，给领导所写的报告中绝对不能有错别字，而且行文要美观。这样会使领导感觉工作很轻松，同时也会更加信任你。

四、妥善处理意见分歧

中层经理作为上司的助手，适时地向领导提出自己的意见，既是自己的职责，也是赢得上司赏识的有效途径之一。如果中层经理在上司面前只有顺从，一味地唯唯诺诺，上司会在心底瞧不起自己的下属，自然不敢把重要的任务交给下属。而如果下属一味地冲撞上司，上司就会认为下属不尊重他，不服从他的领导，也不会重用他。所以，中层经理要适时地提出自己的意见。而自己的意见与上司产生分歧也是正常之事，如何处理与上司的分歧，是中层经理必须要重视的事。那么，中层经理应该如何处理与上司的分歧呢?

1. **尊重上司的意见**

当中层经理与上司发生争议时，不仅要尊重上司，还要尊重上司的意见。即使中层自信自己的意见如果被实施可以更有效地开展工作，而上司的意见却会带来种种问题，也要尊重上司的意见，不能把他的设想说得一文不值。

2. **站在上司的立场想问题**

也许中层认为自己的意见天衣无缝，几乎很完美，但是上司仍不同意自己的意见。这时就要想一想，为什么上司会不同意?如果自己是上司，会同意这个意见吗?是不是自己的意见虽好，却打乱了上司的工作进程?这样，说不定就会明白上司与自己为什么会产生分歧，分歧在哪儿，进而解决分歧。

3. **准确把握谈话氛围**

当与上司产生分歧时，有时候免不了会情绪激动，甚至发生争吵。而这种充满火药味的氛围，丝毫不利于问题的解决，只能让分歧越来越大，闹得彼此都不愉快。中层经理如果意识到谈话氛围不和谐时，应立即采取有效方式，让谈话回到平和的氛围中。

4. **反思自己的意见**

每个人都不能保证自己的意见是最好的，肯定还有缺点和需要改善的地方。而别人的意见也肯定有其可取之处，所以中层经理在与上司的意见发生分歧时，一定要退一步想想，自己的意见是否有不完善之处，还有没有需要改正的地方。

5. **意见未被采纳要正确对待**

由于种种原因，上司不可能每次都会采纳中层的意见，这就需要中层经理能正确对待自己的意见。绝不可因此而对上司产生不满或不再向上司提出自己的不同意见，要知道，即使上司没有采纳中层的意见，至少他也认真地考虑过，而且对于中层能够提出不同意见会从内心里表示赞赏。

卓越中层的管理法则 *3*：沟通中只要情绪一上去，智商马上就会降下来。设法稳定自己和对方的情绪是良好沟通的前提。

第二节　平行沟通：把准同级的“心脉”

一、理性应对“竞争心理”

在职场上，哪些人是你最强劲的对手？不是跟你工作的下属，也不是经常对你耳提面命的上司，而是与你同等级别的同事。因为你与平级同事的地位是一样的，因此，你们面临的机会也很相似。平级同事之间往往存在着很大的利益冲突，比如，职位的晋升、培训的机会，等等。

或许很多人跟同事们在表面上可能相处得很好，但是，那只是表面上而已。同事之间实际上很难像朋友之间那样美好。甚至会有人希望你在工作中出错，希望把他的最大竞争对手挤走，或者联合你一起对付其他同事，等等，总之，这一切，都会使你陷入不利的境地。

在这种情况下，与同事们交往就要小心谨慎一点，不要一脚迈进陷阱里，让对方抓住了自己的“小辫子”。比如，轻易地告诉同事你内心的真实想法，这样很可能会让他在竞争中抓住你的弱点，削弱你的竞争优势。

赵爽是某公司刚晋升的项目研究经理，他们公司的老总打算从几名中层经理中选拔一位副总，重点考虑对象是销售部和人事部经理，这两位候选人都在公司工作了很多年，能力很强，经验丰富，对公司作出了较大的贡献，都能胜任副总工作。

难以取舍的情况下，公司决定通过投票的方式决定谁当选。因此，在选拔信息公布之后，两人便开始在公司中明里暗里地各自拉选票。赵爽在公司里算是一个新人，但是分量却不轻。因此，销售部和人事部两位经理分别来和他谈自己的竞争优势，还许诺当选之后如何支持他的工作，等等。

但是聪明的赵爽并没有表明自己的立场，而是非常有礼貌地对他们说："对不起，我刚到公司，对公司的人事方面还不是很熟悉。不过，通过其他同事和老总的介绍，我知道你们都是公司的前辈，很有能力，我会在工作中全力配合你们的。"

等到两位经理委婉地提到投票的话题时，赵爽又说："因为我来的时间不长，如果只凭我对您的表面印象就投票的话，对您和公司是不负责任的，为了对公司负责，我决定向老板申请弃权，希望您能体谅我的处境。不论投票的结果如何，我都会在工作中全力支持您的。"两位经理也是明事理的人，知道赵爽是要"明哲保身"，再说也觉得他说得很有道理，就没有逼他"站队"。

后来，销售部经理在选拔中胜出，成了副总。他和落选的人事部经理都对没有投票的赵爽毫无芥蒂，非常支持他的工作。

对于公司里的人事关系，向来是一个非常需要注意的问题。像例子中的赵爽，他支持谁都会得罪另一个，况且他也确实不知道该选哪一个。在这种情况下，不表态，明哲保身，是很聪明的做法。

在公司中经常会遇到类似的情况，其实这种事情就是职场中的一个"陷阱"，万一处理不好，会给自己带来很大的麻烦，所以要特别小心处理。另外，有的中层领导喜欢与同事随便交心。

一家电器公司同一时期招聘了两名区域销售经理，李建和戈振。李建的年纪比戈振大些，也比较有学识和经验。因为戈振的家庭条件不太好，一家老小都靠他养活，李建平时也对他比较关心，所以他俩平时相处得还不错，偶尔还在一块喝酒聊天。

经济危机之后，公司的效益受到了很大影响。老板决定给中层经理减薪，还准备在中层中采取竞岗裁员的制度。李建和戈振知道这个消息以后，就在私底下讨论起来。

戈振生怕公司会把他辞退，向李建抱怨说："哎！公司领导怎么想的啊？怎么会给我们减薪呢，要减也是减下边员工的呀。经济危机有这么严重吗？公司这么不讲情面，我都有跳槽的打算了。"

李建并不发表其他意见，只是附和着说："是啊，这样搞的话我们的日子不好过啦！"发完牢骚之后，戈振也没当回事儿，还是很努力地工作。但是几天后，公司发布了裁员名单，上面赫然有戈振的名字，戈振只好伤心地离开了公司。因为就业环境不好，戈振直到四个月后才找到一个新单位，从最基层做起。

后来，戈振偶然遇到了原公司的同事，对方告诉他，领导本来是很欣赏戈振的，就是李建背后"告密"，说他想跳槽，结果公司才决定裁他的。

戈振的"遭遇"并不是职场上的特例，很多人因为不懂得嘴上"把门儿"，随便地跟同事交心，结果当你敞开心扉和同事交流的时候，可能已经不知不觉地走进了职场"雷区"。因为，工作中难免会有一些不顺心，或者对公司、同事的一些负面看法，若轻易和别人谈论，就可能成为握在别人手中的"把柄"。

在没有什么利益冲突的情况下，或许你的这些话没什么问题。但是每一个人都有自私的一面，如果遇到你们两个人之间有比较大的利益冲突的时候，比如，上司要提拔你们中的一个的时候，对方难免用你这些不理智的话当做攻击你的"武器"。与其在事后抱怨别人"不仗义"，还不如早点告诫自己，与同事交往要小心谨慎一些。

你在公司中与平级的同事们竞争最大，所以，在与同事交谈的时候，一定要注意谈话的内容。其实，同事之间的话题可以很广泛，比如爱好、兴趣，等等，但是涉及你工作利益的问题或者是对公司、同事的评判时，最好不要轻易地说出你真实的想法，更不要随便批评、发牢骚。

二、顺势应承"协作心理"

所有的中层经理要想有一番作为，必须与他人合作，仅靠自己是根本不可能的。在工作中，很多部门都需要相互配合，如果配合不好，必然会造成糟糕的后果，最终难以完成任务，影响公司的整体发展。

要想出成绩，必须要寻求其他部门主管的配合。然而，同事之间又存在一种竞争的关系，有着一种天然的抵触情绪，如何在这种既存在着竞争，又存在着合作的环境中得到同事们的支持，是一个亟须解决的问题。

在现代社会，同事之间的竞争是不可避免的，甚至有时是很激烈的。怎样站稳脚跟，并且和同样出色的同事合作相处是非常考验一个人的智慧的。同事之间如果配合默契，那么不仅仅对某个部门发展有益，整个企业也会呈现一派和谐的氛围，有利于企业的稳步发展。

在日本，有一家企业在招聘员工时，就非常重视应聘者的合作能力。他们有一场特殊的考试：把应聘者带到一个农场，并随机将每两个人分成一组，然后发给每组一把锯子，要求将一根原木锯成两段。在锯原木时，有的两人小组不能相互配合，结果费了很长时间才把原木锯开；有的组就能相互配合，只用很短时间就把原木锯开。结果，这家企业将“能否相互配合很快锯开原木”作为是否录用的一个重要指标。

在一个企业里，如果团队成员间能够互相配合，就可以增强团队的凝聚力。而且，在社会分工更加精细的今天，一个优秀的中层要发挥作用，必须善于与同事带领的其他部门相互配合，否则将一事无成。只有同事之间相互搭台，才能共同起跳。

一个优秀的中层，一定不要局限于自己的部门，要学会处理好同事间的关系，这样才能做到部门间的有效联动，才能真正发挥企业中坚力量的作用。反之，如果处理不好跟同事的关系，做什么都没有人配合，那你一个人领着自己的部门也做不出什么业绩。

第一次登陆月球的阿姆斯特朗说过一句全世界家喻户晓的名言：“我个人的一小步，是全人类的一大步。”的确，登月对于一个宇航员来说，并不是什么难事，只是人生的一小步，但对于整个人类来说，那是发展的一大步。

其实，当时首次登月的太空人有两位，除了阿姆斯特朗，还有一位是奥尔德林。

当登月成功之后举行庆功会的时候，一个记者突然问了奥尔德林一个很特别的问题："阿姆斯特朗先下去，成了登陆月球的第一人，你会不会觉得有点遗憾?"

在场的所有人都感到非常尴尬，没想到奥尔德林是如此有风度，说："各位，千万别忘了，回到地球时，我可是最先出太空舱的。"所以，他环顾四周笑着说："所以我是由别的星球来到地球的第一人。"

在笑声中，大家对他报以最热烈的掌声。正是奥尔德林的配合，阿姆斯特朗完成了整个人类的壮举。

同样，在我们的工作中，任何人和部门都离不开团结协作，相互支持。作为一个中层，如果不能清醒地认识到这一点，不能融洽地跟同事相处，得不到他们的全力支持和配合，就不可能有大的发展。

作为中层，要想顺利地完成本部门的工作目标，一定要学会主动去配合其他部门，赢得同事们的尊重和友谊。当同事有困难时，应当热情地帮一把；当同事的部门出了问题时，应当尽力地挽救一下，帮他弥补一下。不能总是打着自己的小算盘，对对方的困难视而不见，甚至抱着看笑话的态度来对待。

管理大师杜拉克说："组织团队的目的，在于促使平凡的人可以作出不平凡的事。"一个优秀的中层，想要带领自己的团队做出成绩，做出不平凡的事，没有其他同事的帮助和支持是很难的。不懂得合作的中层，如果没有同事愿意帮你、支持你，你的部门就会被孤立，那你又如何做出成绩呢？只能成为失败者。

三、跨部门沟通与交叉地带的工作

随着公司发展的速度不断加快，其内部分工越来越细化，部门人员也变得越来越多，这就需要公司各个部门之间进行沟通，只有这样才能保证公司的正常运行。如何进行跨部门沟通，在公司内部建立和谐的人际关系和优秀而高效率的工作团队，迫在眉睫。作为中层经理要学会有效地进行跨部门沟通，对此应该掌握以下关键点：

1. 拆除部门中的围墙

第一，拆除信息围墙，例如信息共享，不应当独占客户的信息；第二，拆除任务围墙；第三，拆除利益围墙；第四，拆除制度围墙。

2. 选择适当的沟通方式

在不同的情境下要使用不同的沟通方式，尽量做到具体问题具体分析。

3. 运用对方的思考逻辑

在工作中，要尽量争取其他部门的支持，而此时所做的就是运用对方的逻辑来进行思考和沟通。由于工作业绩的压力，每个部门在思考问题的时候都从自己的角度出发。要求别人改变很难，但是你可以改变自己。不妨转换自己的立场，从对方的角度来思考：这个项目对于其他部门的意义是什么？这对于他们的业绩又有什么帮助？如果换作我是对方，我会怎么想？

4. 尊重他人的主导权

很多部门经理在与其他部门进行沟通的时候以对待自己下属的态度来对待他人，所以往往很习惯地告诉他人应该怎么做。为什么他们就是无法接受别人的建议？你或许会有这样的反应。然而，问题的原因根本不在于此。

那么对部门之间的交叉地带的管理，要明白以下几点：对交叉地带的事一定要管，但管之前应深思熟虑，力求正确；对交叉地带的事管得正确，会有利于部门与主管之间的沟通；对交叉地带的事管理得不正确，会不利于部门与主管之间的沟通。

卓越中层的管理法则 *4*：克服本位主义是进行有效跨部门沟通的前提！跨部门的情感互动高频率，遇上异常事件处理才能低频率。

第三节　向下沟通：点亮下属的“心灯”

一、渴望被信任的心理

作为中层经理，应该学会在“信任银行”里开一个账户，该账户只存取对下属的信任，如果你的账户上余额较多，说明你对下属的信任度很高，这时，你可以做个民意调查，你会发现你是很有感染力和亲和力的，工作开展也会很顺利。

现实中，正是因为领导赏识下属的才华，肯定他的价值，信任他，他才会为你卖力，甚至献身，所谓“士为知己者死”便是这个道理。因此，可以说信任是网罗人心，推进上下级关系的一大法宝。

俗话说，管理无定式，不同的管理者在不同的管理条件下和不同的下属面前，管理方式往往是不同的，但是在不同之中往往有一个相同点，那就是对下属的信任。

作为下属，每个员工都希望自己的领导能够公平、勇于担当、关心下属等，而这些归结到一点就是：信任。管理者与下属相处的根本，就是能够让下属对自己产生信任感。而信任又是相互的，下属只有在被信任和信任的基础上，才能遵从领导安排，才能心情舒畅地开展各项工作。具体说来，不妨从以下方面做起。

1. 从细节开始着手

细节决定成败，在信任下属方面，细节也是一个不容忽视的问题。例如，在日常工作或生活中，学会倾听下属的心声，因为高效率的管理者都能够避免对下属做出武断的评价，不会受过激言语的影响，不急于做出判断，而是感同身受下属的情感，相信下属想法的合理性，带着理解和尊重倾听下属的心声。

2. 给予下属安全感

心理学家荣格认为，安全感就是控制感，正是不可控制威胁着我们的安全感。

对于上司来说，看到下属努力工作，或者通过沟通知道下属的工作进程，可以获得心理上的安全感。所以，下属在工作上应该尽职尽责，服从上司的领导和安排。就算有异议，也要懂得巧妙地表达。

3. 近君子，远“小人”

作为领导，可以有选择地同一些同事、朋友来往，做到近君子，远“小人”。这里所说的“小人”，是指在事业上不会对你有任何帮助，只是单纯玩伴的那种同事，如果作为上司的你一味地和他们腻在一起，你的领导很可能就会认为你“不思进取”了。

4. 以柔克刚，以心换心

或许由于你是领导，下属都会有意或无意地远离你，结果让你想接近他们，想信任他们都没有机会，所以，在下属远离你的时候，一定要学会以柔克刚，以心换心，小心翼翼地清除这枚随时可能爆炸的“炸弹”，千万不能让他对你造成危害。

二、期待被关照的心理

俗话说：“不谋万世者，不足谋一时；不谋全局者，不足谋一域。”很多企业之所以能成功，是因为中层经理懂得“不谋人心者，不足谋企业”。“人心”的力量是非常强大的，它可以使一个企业变得强大，也会造成一个企业的灭亡。“经营的九十八是人心，品牌的九十八是文化，矛盾的九十八来自误会，资源的九十八靠整合。”

作为一代大思想家，明朝的王阳明不仅是一个构建辉煌儒学理论的学者，更是一个身经百战、几乎战无不胜的常胜将军。

在一次剿灭盗匪的过程中，他说过这样一句话：“山中之贼易剿，心中之贼难除！”也就是说，剿灭一些山中的盗贼，还是一件相对容易的事，但要让他们在内心中不产生去当盗贼的念头，则是一件非常困难的事情。

如果只是简单剿灭一些盗贼，而不管人们的死活和内心的想法，那么就会有更多的人因为生活所迫或者其他原因而去当盗贼。于是，社会就会出现一种奇怪的现象，那就是年年剿匪，盗贼却越来越多。所以，王阳明就从解决当地人民的疾苦入手，让人民能够安居乐业，内心喜悦。果然，这个方法切断了匪患产生的根源，取得了良好的效果。

管理的根本之道，是建立在人的内在心灵之上的。可以说，抓住了人的内心，就抓住了管理的关键所在。

中层经理应当懂得善待员工，因为企业的任务最终要靠他们来完成，而且，他们是管理者朝夕相伴的战友。一个企业的发展和崛起，靠的是管理者的经营才智和员工的齐心协力。只有上下同心，才能创建成功的企业。这个看似很简单的道理，现实中要想真正做到却很难。

小张在大学期间表现十分优秀，毕业后进入一家民营公司。不到两年的时间，他便成长为公司的一名骨干，但正当他受到公司认可的时候，他却突然辞职。上级领导很是不解，私下沟通才知道了他离职的真正原因。

小张实在无法认可他的部门主管。有一次，两个人一同出差，小张在路上生了病，可是部门主管对他却不理不问，只是一味督促他要提前完成任务、缩短行程安排。就这么一件事情，让小张的心里产生了难以抑制的怨愤，他无法从内心尊重自己的部门主管，从而导致了日常工作中产生意见冲突。久而久之，两人关系变得十分冷淡，而小张再也不想在一个人情冷淡的地方工作。

只因为部门主管没有体恤员工，没有人情味，就让公司辛辛苦苦培养的人才流失掉，这不能不引起其他主管及管理者的注意。客观地讲，被关怀是每个员工内在的特殊需求。而在现代社会，越来越多的管理者因竞争的加剧而在无形中更加倾向于利益，把员工看做是为自己赚钱的工具，无休止地要求其做事，让他们加班加点地工作，从来不给予他们关怀和抚慰，很多员工产生抵触心理，工作效率自然下降。

美国著名的管理学家托马斯·彼得斯曾大声疾呼："你怎么能一边歧视和贬低员工，一边又期待他们去关心质量和不断提高产品品质呢?"无疑，这样的管理者是不合格的，这样的企业终究不会长久发展。

牛根生曾说过："要让员工真真切切地感受到蒙牛集团就是他们的家，世上没有人不爱自己的家。"为了使公司有种家的感觉，牛根生提出了和谐宣言：经营人心。在对待员工方面，做到将心比心，把员工当成自己的家人。

在经营一个公司的时候，所有的管理者都懂得管理者与员工之间的关系如何，完全取决于管理者如何对待员工。如果公司能够体贴、关心员工，二者就是鱼水关系，员工是鱼，他离不开企业这池水；如果公司不够关心和爱护员工，二者就是油水关系，彼此貌合神离，员工只是拿工资办事，绝对不会尽心尽力。如果公司把员工当成剥削的对象，必然是水与火的关系，互不相容。

因此，中层经理不能简单地把员工关系理解为雇佣关系，而是应该发自内心地关爱员工，这样才能赢得员工的心，员工才会把企业的事情当成自己的事来做，能够自我管理以及主动工作，企业的经营目标才能得以实现。

三、向下的沟通技巧

中层经理与下属创造良好的人际关系的方法有很多种。虽然一些"微小平常"的事情会让人觉得微不足道，但有时却会起到举足轻重的作用。

1. 好意地接近下属

管理者讨厌下属，那么下属也不会对管理者有什么好印象。管理者喜欢亲近下属，下属也会乐于接近管理者。

这些就是管理者和下属建立人际关系的基础。如果管理者在个人感情上讨厌某位下属，那么在工作上就势必会被这种情绪所感染。所以，作为管理者必须以真诚的态度，怀着善意积极的心态接近下属。

2. 不要忘了打招呼

决定与下属建立人际关系，最基本的方法就是"打招呼"。

人们的对话先从"打招呼"开始。

上班时，如果管理者主动向下属打招呼，那一定是下属精神百倍、工作情绪高昂的主要原因之一。

明朗的笑脸是接受对方的表现。先一步、积极地向对方表达出你认可他的问候。

除此，管理者如果对下属不管是工作上或私事上，都能以温馨的语言表示关心，就一定可以抓住下属的心，创造彼此良好的人际关系。

3. **回答要妥当**

当对方把想说的“事”、想传达的“事”投过来给你时，管理者有必要接受这些“事”并经过处理再还给对方。

回答和打招呼一样，都是再平常不过的事了，但是在人际关系及沟通上，却同样都具备相当重要的功用。

当下属有问题或跟你打招呼时，你有必要用心回答。

4. **花点时间与下属谈笑**

很多人认为在工作时谈笑并没有什么好处，但是，当工作碰到困难、阻碍时，人们难免会想找人吐一下苦水。这时候，管理者可以说：“我的头脑现在缺氧，反应迟钝，大家喝一杯咖啡、聊一下天如何?”缓和一下办公室的气氛，让大家恢复精神再工作。

午休时和下属闲聊，下班后邀约下属出去小聚一下，大家发发牢骚抬抬杠，可以缓解上班工作的紧张心情，加强彼此同为伙伴的情结，强化大家的协作意识。

面对激烈的市场竞争，现在的工作日趋紧张。员工更需每日兢兢业业，不敢稍有疏忽。而越是这样，就越需要利用时间和空间，让中层经理和下属暂离工作，稍事休息。

5. **收集相关信息及话题**

身为管理者，必须切实掌握社会动态、时事和最新信息，保持员工的高度兴趣，因此平常就要用心于话题的收集。

在听别人说话时要很认真地聆听，平时也要为了自身的修养、知识而拼命地看书，多关注电视上的体育、艺术、综艺节目等，这都是和他人闲聊时的话题。

同时还要养成随时随地记笔记的习惯，不管是和别人的谈话、读书的内容摘要、从媒体中所获得的资料、亲身的体验心得等，都可以记在笔记本中作为备忘录。

管理者在与下属沟通时，往往需要从最小处做起。有句话叫："最伟大的事都是从最小的事累积而成。"管理者从最小的地方做起并做好，才会在与下属沟通交往中获得最大的收益。

第三章
慧眼识才的选人技巧

用人，是一门复杂精细的领导艺术，需要中层经理在实践中不断地探索和总结。选人意识保证了企业有才可用，而育人、用人艺术则可让优秀员工各尽其才。这几个方面互为前提，互为保证，缺一不可。这就要求中层首先要练就一双雪亮的慧眼去识别人才、筛选人才，而且还要敢于引进各种优秀人才。其次，要充分利用好现有的人才，尽量做到“人尽其才，才尽其用”，充分发挥每个人的才能。

第一节　中层经理的提问技巧

一、行为式问题

所谓行为式问题，是指通过对应聘者实际工作事例或参与活动的询问和挖掘，了解其行为特征、能力水平及素质状况。之所以问这样的问题，其主要目的在于：通过过去的行为表现，判断应聘者是否具备相应的工作经验与工作能力，以及相关的分析问题、处理问题的综合能力，据此判定与目标岗位要求的匹配度。

行为式问题历来被人力资源领域的专家认为是最专业、最具威力的面试问题，以至于有些专业书籍把它上升为一种面试的方法，称为“行为面试法”。的确，这种面试提问在面试中对于判定一个应聘者与目标岗位的匹配度具有较高的信度和效度，所以建议对任何一位应聘者都要多提这样的问题。那么，如何来提问才能提出一个高质量的专业的行为式问题呢？那就是要紧紧地抓住“应聘者本人过去亲自经历的关键事件”来提问和追问。

那么，什么是关键事件呢？关键事件又称为典型事件、最有代表性的事件。也就是一个人做得最有标志性、代表性的事件。分为关键成功与关键失败两类。关键成功就是一个人过去做得最好、最成功、最得意的事情，而关键失败是一个人过去做得最差、最糟糕、最失败的事情。

那么，为什么要抓住关键事件来提问呢？主要原因有二：一是关键事件最能反映出一个应聘者区别于他人的、稳定不变的性格特质，而这种特质最能帮助我们去分析和预测将来其工作行为风格与工作绩效；二是抓住关键事件来提问与追问，最能帮助考官节省时间。比如，当我们让应聘者讲述一个他/她过去做得最成功的经历时，绝大多数应聘者都会讲一件他/她自认为做得“最好”的事情。如果考官听完之后，觉得这个所谓最成功的事情是一件不值得一提的小事或者很平凡的事情，那么，考官就更没有必要去询问应聘者以往做得一般的事情了。

如何提问才算是抓住了“关键事件”呢？那就是在提问的时候，要突出强调“最”“特别”“非常”好或者差（成功或者失败）的“一件”“一个”“一次”经历。而不要问：“能否请你讲几个（或一些）你认为做得成功的例子”，因为“几个”或“一些”这些词不聚焦，容易导致应聘者在回答问题时抓不住要点，东拉西扯，谈很多不重要的信息。举例来说，如果一个企业正在招聘“客户服务专员”，那么向应聘者提问时可以这样来问：

“张小姐，既然你说自己在多家著名企业做客服工作很多年了，很有经验，那么，能否请你告诉我们，在你以往做这个岗位的工作经历中，你曾经服务好了一个最难服务的客户的亲身经历，你当时是怎么做的呢？”

“张小姐，没有一个人是完人，我也一样，能否请你告诉我们，在你以往从事客户服务岗位的工作经历中，你处理得最失败的一件事是什么？”

那么，由谁来提行为式问题最好呢？最好由“内行”，也就是用人部门的负责人或者相关专业人士来提问。因为，只有内行的人才能问得更专业、更深入，也才能对应聘者的回答做出较准确的判断。

提问之后，更重要的是，要进行有效的追问。如果提问很好，但是追问不到位，那么很可能前功尽弃。如何来追问才会最有效？主要是利用STAR的技巧进行提问和追问。

STAR是四个英语单词的首字母缩写，它分别表示：

S——Situation：情景，当时的情况；

T——Target：目标，当时的工作要干什么；

A——Action/Actor：行动，为达到目标采取什么行动/所担当的角色；

R——Result：结果，完成的目标，最后的结果如何。

在面试过程中，考官提出行为式问题之后，最好按照STAR的逻辑结构加以追问。STAR技巧追问过程中，最重要最值得深度挖掘的是S与A。

S的具体体现其实是我们在日常管理中用得很多的5W2H：

5W2H其实是对5个以W开头的英文单词和2个以H开头的英文单词的简称：

What：做什么事；

Why：为什么要做这件事；

When：什么时候做的这件事；

Where：在哪里做的这件事；

Who：谁去做的这件事；

How to：你/你们当时是如何一步一步做这件事的；

How much/many：做得怎么样（结果），能量化的要尽量量化、数据化，不能量化要细化或者行为化，也就是告知我们当时所采取的具体的行动步骤。

而A则分为两类关键信息。一是Actor，也就是要确认应聘者当时在完成一项任务中所承担的职务、扮演的角色是什么。这一点很重要：一个负责人所承担的责任、压力以及所发挥的作用往往不是一个普通参与者所能比拟的。二是Action，也就是要深入地追问应聘者在一项任务中其本人做了哪些具体的工作，采取了哪些具体的行动步骤，最好是让应聘者详细地告知我们：你第一步做什么，接下来怎么做的……最后你是怎么做的。“魔鬼藏在细节中”，只有这样步步深入地追问，才能了解应聘者是否有具体真实的工作经历，以及其在以往经历中是如何做事的。

一个考官对Action追问的技巧与深度，直接决定了其招聘的质量与可靠性。往往很多考官在这一点上追问得太肤浅，所以导致在面试时感觉应聘者不错，进入工作岗位才发现应聘者与面谈时相去甚远。

二、应变式问题

什么是应变式问题呢？它是通过提出一些两难或无解的问题让应聘者来回答和分析，以判断应聘者的逻辑思维能力、分析问题的能力，以及能否透过现象看到事物的本质。

在这些应变式问题中，纯粹思维演绎或者逻辑应变的问题是最主要的问题，而所提的问题是随机的，可能与工作职责直接相关，也可能与岗位职责无关。不管如何，这些问题与脑筋急转弯问题又有很大的区别。任何一个问题都会有其考查人之处。

一般来说，什么样的企业在招聘的时候喜欢问这样的问题呢？如微软和

Google 这样的公司。针对其中的一些问题，网络上有很多“微软面试 100 问”，其中大多数都是智力应变式问题。那么为什么微软要问这么多智力应变式问题呢？也许与微软创始人比尔·盖茨先生的用人观有关，因为盖茨很早就提出“微软只用聪明人”，也就是，他认为只要一个员工够聪明，无论他原来的专业是什么，公司的培训体系和培训能力都能够在较短的时间内把一个根本没有学过软件的聪明人培养成一个合格的技术精英。比如，微软在上海筹建技术服务中心的时候，招的很多人都不是学软件开发的，而是学中文、学历史等其他专业的。那么，如何来衡量一个人是聪明还是不聪明呢？当然智力应变式问题最能有效地加以检测和判断。所以微软公司提这种问题最多，比如微软公司的几道经典的面试问题如下：

“请问路面下水道的井盖为什么是圆的？”

“请问每天在我们国家领空飞行的客机会消耗多少加仑燃油？”

“请问你所见过的最大的‘阴影’是什么？”

对于智力应变式问题，应聘者回答答案的准确性不是考官关注的要点。之所以微软并不关心答案的准确性，是因为很多的应变式问题往往没有什么标准答案，甚至没有什么答案。那么，这类问题如何来判定应聘者回答得好还是不好呢？

有两个通用的标准，第一，要看应聘者能否自圆其说。即是说，这样的问题虽然没有标准答案，每个应聘者都可以说出自己的结论或者答案，但在他/她给出答案之后，我们一定要问为什么是这个答案，理由何在？这一点主要是听应聘者能否对自己的结论做出一个合乎逻辑的、完满的解释。如果应聘者自己得出一个答案，但却不能自圆其说，那么，这个答案就缺乏说服力。第二，我们主要是看应聘者的答案是否具有创新性。比如，微软公司前述第一个面试问题，不同的人就有不同的回答，比较典型的有以下几种答案：

“请问路面下水道的井盖为什么是圆的？”

回答 1：“因为井是圆的。”

回答 2：“因为圆最美。”

回答 3：“因为圆最便于滚动运输。”

回答 4：“因为覆盖同样大的井，圆盖用的材料最少。”

回答5：“因为圆最便于安装，且容易设计安全措施。”

回答6：“因为井盖是一个公共物件，看的人很多，人眼睛的瞳孔是圆的，所以看圆的井盖比较顺眼。”

在每一个答案之后，我们都会追问：“为什么？”回答1中为什么“井是圆的井盖就要是圆的”这个答案很难有令人信服的解释，而回答2可以用美学来解释，回答3的道理不言自明，回答4和回答5可以用工学来解释，回答6在解释上虽然有些牵强，不过该答案的确比较有创意。

智力应变式问题，主要目的之一是要考查一个应聘者分析问题的逻辑思路，考官倒并不在意具体答案的准确性，比如Google公司有一道典型的面试问题：“要是让你清洗整个美国西雅图的所有窗子，你会收取多少费用？”考官并不在意应聘者会给出一个多么准确的数字，关键是想要听到一个令人信服、合乎逻辑的解释。

中央电视台曾有一个崔永元主持的节目“小崔会客厅”，2009年3月，当时正值全国大学应届毕业生找工作的高峰期，毕业生“找工作难”的问题也成了社会热点，所以该期节目崔永元请了三个人做嘉宾，一个是人力资源就业指导方面的专家；一个是北京一所著名高校应届女硕士毕业生，一直没有找到工作；还有一位是南昌一所民办大学的应届本科毕业生，她已拿到了5个全球著名企业的offer。在谈到为什么毕业生就业难时，主持人认为很多企业太功利，太实用主义，不愿意培养新人，不愿意起用应届毕业生。但那位人力资源就业专家却提出，毕业生不好找工作除了就业形势外，很重要的一个原因，就是不少毕业生缺乏应聘的技巧。崔永元当即表示反对，于是进行了一次现场招聘的模拟，由专家来扮演用人单位，崔永元来扮演找工作的毕业生，下面就再现一下当时的情景：

专家：“请问我们现在所在的这个演播大厅，一共可以装得下多少个乒乓球？”

崔永元：“嗯，我觉得是1000万个！”

专家：“为什么是1000万个呢？”

崔永元："我就是觉得应该是1000万个！"

专家："如果你这样回答，第一关你就会被淘汰！"

为什么这位专家会得出这样的结论呢？因为"毕业生"崔永元只给了一个答案，却并没有做出一个合理的解释。

智力应变式问题还有一个重要的目标，就是考查应聘者能否透过现象看到事物的本质。这种问题，往往通过陈述一个问题，请应聘者来分析，很多人只回答了表面的问题，而没有抓住问题的实质。

需要说明一点的是，智力应变式的问题绝不是一些所谓"脑筋急转弯"的问题，也不是纯粹道德层面、人际技巧层面的问题。比如一个经典的问题："一个男人面临自己的妻子和母亲同时落水，在无人可帮，只能同时救一个时，他会先救谁？"这类问题不是严谨的智力应变式问题。

鉴于智力应变式问题要求题目必须能很清晰但又不能浅显地考查某些要素，因此要提问高质量的这类问题并不容易。另外，由于此类问题目前有不少都成了概念应答的问题，所以即便很喜欢使用这类问题的微软公司，在面试中使用的次数也有所减少，而更多地使用了行为式问题。

三、动机式问题

所谓动机式问题，主要是了解应聘者为何要变换工作，以及在工作中看重什么的问题。该类问题也是想了解应聘者的价值观和职业发展规划方面的想法。

动机式问题无论是重要性还是必要性都很高，在面试中应该高度重视。接下来，我们从四个方面来剖析一下动机式问题的有效应用。

第一类应用：了解其求职的真实动因。主要是了解应聘者为什么要离开原来的企业，为什么要到本公司来应聘的主要原因。对应聘者求职动因的了解，有助于我们获取应聘者有关职业发展的丰富信息，这些信息有助于我们直接或者间接地判断应聘者的职业忠诚度，以及应聘者在职场中工作的思维与行为特点、主要关注点。

第二类应用：了解应聘者个人价值观与企业价值观、企业文化的融合程度。联想集团董事局主席柳传志先生认为，一个人的价值观至关重要，考官在招聘过程中一定要作为一个重点加以考查。但是对一个人价值观的考查，在招聘技术上是一个难题，因为这样的内容并不好考查。价值观都是一些“虚”的东西，如何能让它落到实处，让考官较清楚地做出判断？不妨试试采取以下四个方法。

方法1：开放式问题+举例法。就是考官在面试过程中，向应聘者提出一个完全开放的问题，而不要提出一些定向的问题，让应聘者难以看出考官的真实想法，不能投考官所好。

方法2：转化为对加班问题的看法。价值观问题的一个重要的维度，就是个人对价值实现、价值交换的看法。《劳动合同法》的实施，使企业在员工加班工资方面的管理显得更加重要和敏感。如果所招聘目标岗位的人员需要较多的加班，那么可以主动向应聘者提出相关加班问题的看法，不失为一个不错的策略。让应聘者对加班有心理预期，总比回避这个问题好得多。

方法3：设定个人利益与公司利益相冲突的两难困境让应聘者做出选择。价值观的一个重要体现就是利益取舍与得失判断的标准。因此，考官可以设定个人利益与公司利益发生冲突、两者难以兼顾的两难困境让应聘者来选择。比如：

“假如你目前正在外地负责公司一个重要的项目，该项目即将进入最后的关键时期，客户在时间上也追得非常紧迫，但没想到正在这个时候，你的恋人或者爱人感到身体不适，一定要你回家去看望她，请问接下来你怎么办？”

对于这样的问题，有些应聘者会不假思索地“概念应答”：“我会坚持工作第一的原则继续工作”云云。作为一个理性的考官，我们不会轻易相信回答者在面临真实的情境时会做到这样。关键的问题是，无论应聘者将会做出何种选择，我们一般会按照两个基本原则来评判：一是应聘者要能较妥善地处理好个人利益与公司利益之间的关系；二是做出选择要有一个逻辑合理的理由。

方法4：采用价值观评判或者问题辨析的方法。价值观的问题，很难有简单的是非对错之分，不过每个人都可以对一个观点提出自己的看法，而这种看法本身就能反映出一个应聘者的个人选择。因此，我们可以采取价值观评判或者问题辨析的方法进行考查。

第三类应用：了解应聘者个人职业发展目标与企业人才建设总目标以及企业管理资源的匹配度。一个人的职业发展目标与其工作的动力、工作表现乃至忠诚度都有紧密的联系。特别是对于一个已经在职的人员，如果要重新寻找工作，必定是在原来的公司和岗位中，有一些本人的职业动机没有实现，比如，有的人是感到职位上没有得到提升，有的人是感到不能充分施展自己的才华等。作为一个考官，我们对这样的问题不能回避，更不能视而不见，所以对应聘者也要提一些有关职业发展目标的问题。

第四类应用：了解应聘者在职业选择中最看重的因素。一般我们会让应聘者讲出他/她在职业选择中最看重的几个关键要素，以此来分析和判断其在职业选择中的主要关切点，同时我们也能直接和间接地看出应聘者的某些价值取向。

卓越中层的管理法则*5*：求职者有时并不告诉你真实的求职动机，除非你不断进行求证。若他前后回答互相矛盾时，必定有一处撒谎。

第二节　练就识人的“火眼金睛”

一、如何应对包装完美的候选人

如今越来越多的人在求职时，把自己包装得非常完美，有的把简历设计得很有创意，有的将自己打扮得非常帅气、漂亮，总之用不同的办法以博得面试官的第一印象，以谋求好职位。面对这样的应聘者，作为中层经理应做到以下几点：

1. 学会识别和筛选简历

识别与筛选简历，是结构化招聘中一个必不可少的环节。有效识别与筛选简历的主要作用在于：其一是初步筛选候选人，将明显不符合条件的淘汰，重点候选人更加集中；其二是为进一步的考查搜寻关键的信息源，以此作为求证考查的依据；其三是从总体上了解候选人的情况（比如总体素质与经验、与目标岗位要求的大致符合程度、应聘人员的学历、性别、技能、来源等基本结构性数据），借此判定招募工作的质量。

识别与筛选简历分为快速批量筛选与对单个简历的审读两种。

（1）快速批量筛选简历

主要用于大型现场招聘时（比如人才交流大会、校园招聘等），会收到大量应聘者的简历，需要在短时间内进行筛选，以确定进一步考察的对象。很多公司都会借助一些软件程序，比如 Excel、Access 或者自编的程序来进行批量简历的处理。批量识别与筛选的主要方法一般采用否决法与计分法相结合。所谓否决法，就是设定选拔的一些关键词，比如学历等作为必要条件，达到该条件者进入下一考查环节，未达到必要条件者则一次性否决；所谓计分法，也是以关键词某一条件作为筛选的标准，比如学历，目标岗位要求达到“大专”的条件，如果应聘者的学历正好是大专，则计 3 分，如果是本科计 4 分，如果是研究生及以上学历，则计 5 分。有若干个关键词时，则将各关键词的得分计算出平均分，以平均分作为是否可以进入下一环节的筛选依据。在实际工作中，一般是先用否决法筛选一遍，然后再用计分法进行筛选。

李开复曾说过：“所有寄往 Google 的求职信都会被自动分类。”

李开复介绍说，这套类似 Google News 的技术将“毕业院校、学历、应聘职位”等信息从 PDF、DOC 等文件中读取出来，并加以分门别类。Google 的面试小组在到一所学校前，就可调出来自该校的所有简历。

（2）对单个简历的审读

这几乎是所有面试在实施之前考官都要开展的工作。面试之前审读简历的主要目的在于：其一，确认面试对象；其二，了解面试对象的核心关键信息，以便于在面试等考查环节中展开针对性的求证与甄别；其三，通过对简历的分析，确定考查的重点，有助于提高考查的针对性与工作效率。

2. **在面试应聘者之前，淘汰一部分人**

（1）同小组成员一起讨论应聘者的简历

在选出优秀的简历之后，公司就会让几个人来阅读和讨论。关于这些简历，大家可以提出自己的意见，最终得出一个结论。

（2）与应聘者进行电话交流

给应聘者打电话，或许时间不长，但从中可以得出很多信息。例如，当你给一个应聘者打电话的时候已经是中午，但他还没有睡醒，这样的人早已经被淘汰出局。但你也应该明白很多优秀的人在电话面试的时候表现未必出色，但在实际工作中是非常出色的。

（3）面试前布置一项任务

例如，你可以让他事先访问公司，在面试的时候问他对企业的见解和看法。此时，你所观察的应该是他说话和表达的方式，以及是否有见地。在这个过程中，面试者的各种能力都会表露无遗。

（4）面试前让应聘者在办公室里走一走

这样做不仅可以缓和应聘者的紧张情绪，使其在一个和谐的气氛中进行面试，做到正常发挥，同时也可以借此机会观察一下应聘者，看看他除了具有良好的个人举止外，是否能与公司的高级职员、秘书或其他的工作人员相处融洽，是否具有亲和力等。

卓越中层的管理法则*6*：要准确找到企业所需的人才，必须透过形象看本质，必须摒弃单纯以貌取人、以学历选人的思维。

二、如何来测谎

在招聘面试过程中，考官非常关心也是常常面临的一个问题就是：应聘者的回答是客观真实的吗？有没有说谎？如果在说谎，是在多大程度上说谎（是部分信息说谎、夸大其词还是完全一派胡言）？尤为重要的是：作为一个考官，如何来判断应聘者是否在说谎？本节拟就如何通过语言来向应聘者测谎展开探讨。

首先来界定一下什么是“说谎”。

我们还是采用全球在测谎研究领域的权威，美国心理学家保罗·埃克曼的观点：“所谓谎言，是指存心误导别人的有意行为，事先透露其目的，并且对方也没有明确要求被误导。”他还对说谎做了分类：“说谎有两种主要形式：隐瞒，省略真实的信息；捏造，把假的信息当成真的说出来。”按照这种观点，我们可以得知，其实在招聘过程中，应聘者所使用最多的说谎主要是前者，就是隐瞒一部分信息，特别是对自己不利的信息，而只向考官提供有利自身应聘的信息。在这里，应聘者有意利用信息不对称，让考官被动地“选择性知觉”，往往比完全捏造事实更具有欺骗性，也更难被识破。

那么，如何能够拆穿谎言呢？按照保罗·埃克曼的观点，主要有“两种方式：破绽，即说谎者无意间泄露实情；说谎线索，即说谎者的行为虽未泄露实情，但不小心暴露他是在说谎”。所谓寻找说谎线索，主要是用语言和肢体语言两种方式来完成，那么，用语言来测谎主要用什么方法呢？

通常是从说话的内容、说话的声调、说话的音量和说话的停顿 4 个重要方面来分析线索，对应聘者进行测谎判断。

首先我们来分析一下说话的内容。应聘者如果说谎，那么，在说话的内容上，往往会出现三种典型的情况：

一是言不由衷地发生了口误，前言不搭后语。除了少数说谎者说谎太不“用心”以至于让谎言不攻自破之外，多数的应聘者在说谎时，都需要考官通过认真地倾听，仔细识别出谎言线索，然后加以巧妙追踪，最终令谎言现形。最有效的让说谎者暴露谎言的方法被称为“特洛伊木马”策略，即假装相信应聘者的谎言是真实的，让其继续信口开河，不断让他/她提供更多的细节，以至最终不能自圆其说，陷入到自己所编织的谎言中。

在企业招聘面试中，考官完全可以运用上述方法来对应聘者测谎。比如，识别简历中的虚假信息，就可以采用这种方法来询问。

当考官对应聘者提供的学历或者专业信息有所质疑时，除了背景调查之外，在面试过程中，我们也可以采用“特洛伊木马”策略：

考官："哦，你也是××大学机械工程系毕业的！你们的校长还是李宏伟吧（其实该校校长姓王）？"

应聘者："嗯。"

考官："他是国内著名的高分子化学家（其实他是搞物理的），这一点你应该清楚吧？"

应聘者："这个，我们学校的学生都比较清楚。"

考官："你是学机电一体化专业的，那肯定要学一门专业基础课《机械原理》吧？"

应聘者："是的，我们学过。"

考官："是选修课还是必修课？"

应聘者："必修课。"

考官："几乎所有高校这门必修课的课时都在60课时以上，你们当时是多少个课时？"

应聘者："我们当时好像是65个课时。"

考官："哦，不好意思！我刚才想起，国内高校的本科生这门课程的课时都没有超过50课时，研究生以上才会更多。而你是本科毕业吧？"

应聘者：……

在刑侦领域中，还有一种方法叫做"犯罪知情测试法"：刑侦人员并不直接询问嫌疑人是否犯罪，而是提出一些只有犯罪者才知道的事情，嫌疑人回答"不是"或者"我不知道"时结合面部表情、肢体语言或者测试仪等对嫌疑人做出测谎推断。一个诚实的人，对于所有信息的回答其语调、面部微表情都不会有什么差别，但是，对于说谎者来说，在回答虚假信息时，他们的情绪波动会不自主地导致语调、微表情的变化。

二是出现较激烈乃至情绪性的言辞。由于说谎者在说谎过程中面临被质疑的焦虑、恐惧、慌张、愤怒而产生特别的压倒性的情绪，为了掩饰这种情绪，一种典型的表现就是，应聘者往往在说话时出现较激烈的、言之凿凿的言辞，力图用倾泻而出的语言树立一种"不可置疑"的形象。往往在这种时候，说谎者会"努力表现"得自信而流畅，不过，这时也可以用"过于认真的自信”“非常紧张的流畅”来形容此刻说谎者的精神和面部状态，真正基于真实信息的自信、流畅的表达者，都会显得相当自然而不会那么紧张。另一种典型的表现，就是应聘者在回答问题时倾向于自我夸大。越是担心考官不信任自己，越是要把自己的形象拔高。作为一个专业的考官，在这种情况下，要保持高度的理性。还有一种情况，就是说谎者一般不愿意提及自身及他人的姓名。美国心理学家韦斯曼说：“人们在说谎时会自然地感到不舒服，他们会本能地把自己从他们所说的谎言中剔除出去。比如你问一位朋友他昨晚为什么不来参加订好的晚餐，他抱怨说他的汽车抛锚了，他不得不等着把它修好。说谎者会用‘车坏了’代替‘我的车坏了’”。这种回避的另一形式，就是说谎者往往用“大家”“我们”等概览性的主体指向代表“我”这个具体的个体。同时，撒谎者也很少使用在他们撒谎的事情中牵扯到的人的姓名。一个著名的例子就是深陷性丑闻的克林顿总统在向全国讲话时，拒绝使用“莫妮卡”，而是说“我跟那个女人没有发生性关系”。

三是回答问题时闪烁其词，而且画蛇添足地说上一堆不相关的话。应聘者在回答核心问题的细节时，往往闪烁其词，表达概略不详，无法深入阐释具体的过程与操作细节，要么只是一语带过，要么把回答的焦点进行有意转移，往往画蛇添足地对非关键问题讲了很多。

针对大多数说谎者内心存在被识破谎言的焦虑感、恐惧感，考官可以在提问时强化这个恐惧，比如，我们在提问时特别强调要应聘者提供真实、客观、准确的情况与细节，说谎者就会感到更大的心理压力。

与此关联的一个重要的技巧，就是考官刻意对一个问题两次提问。如果是一个说谎者，本来以为第一次已经“蒙混过关”，面对第二次提问时，要成功地把谎言再说一遍而且要与第一次的谎言保持一致，必定给他们带来更大的心理焦虑感，破绽也更容易出现。

其次，我们来分析说话的声调。保罗·埃克曼的研究显示，70%的人心烦意乱时，声调就会提高，生气或者慌张时更是如此。反之，悲伤或者难过时，声调则会降低。所以考官在面试过程中，要特别留意，如果应聘者说谎时，其声调自然就会提高。

再次，我们来分析说话的音量。广泛的专业研究认为，一个人在慌张情况下讲话的音量比较大，不但大声说话，而且往往非常急促；反之，在悲伤时则较为柔和与缓慢。保罗·埃克曼认为："情绪造成的声音变化很难掩饰。谎言如果就是为了要掩饰此时此刻的情绪感受，出现破绽的机会将会很大。例如声调听起来比较高，声音也较大，则说明说谎者正在掩饰生气或者害怕的情绪。"

最后，我们来分析说话的停顿。保罗·埃克曼认为，说谎者"最常见的说谎线索之一就是停顿，过长与过于频繁的停顿都属此类"。在回答问题时，如果出现犹豫，大多会令人起疑。同样的，讲话过程中，短暂的停顿发生频率过高，也表示大有问题。有些应聘者虽然在回答问题时语言很流畅，但听起来感觉像背书，越是"对答如流"，越是让人怀疑其答案的真实性。这可能是因为应聘者事先作了精心的准备，尤其对相关问题进行过事先的排练，所以在回答提问时就按照事先的演练回答，自然很是流畅。

值得说明的一点是，到底应聘者在面试过程中说谎的比例是很高还是很低呢？保罗·埃克曼研究认为："在人际关系中，与谎言无涉的机会极少，生活中总是难免会说谎。"可见，社会生活中的谎言大量存在，招聘面试中也同样如此。

那么，是不是所有的谎言都值得去拆穿呢？其实，在招聘面试中，应聘者存在说谎不足为奇，甚至出于其想成功应聘、力图给考官留下更美好的印象这个愿望，适度地带有粉饰性质的说谎也算是情有可原的。但是，所谓"可原谅"的标准是不会误导考官对应聘者做出不符合事实本质的评判的。比如说，误导考官将"好"评判为"很好"尚可原谅，但如果误导考官从"不好"认定为"好"就是不能接受的说谎。

三、选人的四大误区

在20世纪60年代，索尼公司创始人盛田昭夫写过题为《让学历见鬼去吧》的畅销书。现在，在人才市场上，很多人都提倡"是骡子是马牵出来遛遛"。然而，这并不能完全抹杀了"学历"在工作中的重要性。很多企业在招聘的过程中仍然是以文凭取人、以专业取人、以经验取人、以大企业工作经历取人、以穿着甚至以貌取人……在所谓"科学人力资源测评体系"背后的是刻板、缺乏创意和傲慢无知。刻板的人才规范已经使中国一些个别企业陷入迂腐，越是大企业越是迂腐。

误区1：“海归”一定胜过“土鳖”

无论一个人持有什么样的文凭或者是学历，它所代表的仅仅是过去。如今的时代是一个信息爆炸的时代，学历并不能代表一个人对现实问题的解决能力。学历可以成为参考一个人能力的标准，但不是唯一标准。很多企业明文规定，必须达到什么样的学历才有可能进门面试。而在现实中，一个人的综合能力往往与他是什么学历，以及毕业于哪个学校并无必然的联系。许多企业喜欢炫耀自己的公司里有多少MBA，有多少“海归”等。而现实中，“海归”的能力未必就比“土鳖”强。特别是洋文凭满天飞的今天，“海归”的质量也早已经大大缩水。至于有些公司动辄要求某些岗位非MBA莫取的做法，更是迂腐至极。现在很多学历都可以花钱来买，如MBA。纵使很多人获得了MBA学位，并不代表他真的是货真价实的。在商业竞争中，所有的人只有不断充实新的知识，才有可能成为胜利者，仅有文凭是无法在激烈的竞争中获胜的。

就后现代管理方面来说，我们应想尽一切办法来打破各种束缚，否则，正如德鲁克所说的：“戈特利布·戴姆勒也好，亨利·福特也好，没有工程技术文凭或MBA文凭，都没有机会坐上第一把交椅。而且，也没有哪家有名的金融公司会在今天聘用摩根这位从大学退学的家伙了。于是，企业将会把它最紧缺的人才拒之门外：创作家、革新家和冒险家。”

随着经济的不断发展，很多外国企业已经认识到中国的市场经济不再是20世纪90年代时的粗放型经济，它已经摒弃了以廉价的人力资本和无知识含量的流水作业为经济发展手段的模式，而是追求知识、质量等。所以，要想在中国扎根，必须要保证产品的质量，尊重中国的文化，只有这样才能打动消费者，才能在中国获得发展。所以，“人才本地化”成为外企发展的当务之急。摩托罗拉中国公司认为，人才本土化是摩托罗拉中国公司取得辉煌业绩的根基，公司拒绝接收那些手拿各式各样的英语证书，但中文表达能力不强的毕业生。同样，很多“海归”被拒，其中的重要原因是他们对本土市场与文化不甚了解。与外语相比，本土语言越来越不受到重视，导致无法更好地融入本土顾客群中，更无法完美诠释出外企在中国本土发展的文化内涵。从这个方面来看，很多企业为了有更好的发展，会把很多具有出众母语的人安排到外企中。

误区2：“科班”出身决定胜任力

在很多企业招人的时候，总是在乎应聘者是否为科班出身。招营销策划人员一定要营销策划专业的，招管理人员一定要管理专业的，其实这种做法是无知的表现。以营销策划人员招聘为例，很多真正学营销的人并不懂得营销的真谛。其实只知道一些理论是根本没用的，真正优秀的策划人员是经得起实践检验的。不管是文史哲还是其他一些学科知识，真正的营销人员都懂，因为他们身经百战。在文化素养方面，真正的营销策划高手的文字功底是非常强的，甚至完全可以与作家相媲美。而大多数营销系出身的“科班”队伍，除了一点半生不熟的营销原理之外，其他就一无所有了。

误区3：大企业经验一定信得过

其实这也是一个很大的误区。当然，一个人是否有工作经验当然是非常重要的，但这不是判断人的唯一标准，也不是决定性因素。对于不同的人而言，经验有着不同的意义。如有些人在一个行业工作了十年，等于他一年的经验重复了十次，其实也就是说他还是一年的经验。在现实中，我们经常会发现具有多年经验，仍业绩平平之人。而那些经验虽然不够丰富，但富有创造力的人，往往能在进入一个行业不长的时间内一鸣惊人！

很多企业仍然希望应聘者有大企业的工作经历。当然，我们不能主观地说经验不重要，但我们在对待经验的时候应该保持理智。因为很多大企业出来的人也不是明智之人，或许还可能是庸才。企业真正需要的是一个人的素质，所以，在判断一个人是否为人才的时候千万不能过于考虑外在的因素。

企业招人时的各种条条框框和偏见，是现代企业长期积累起来的人才评估“规范”，这些“规范”使企业具有了“偷懒”的条件，助长了企业不动脑筋的恶习。

误区4：刻板印象

例如，很多企业认为做人力资源这个工作女生就是比男生适合，其实这是一个很大的误区。现在很多职位根本没有男女之分，女性中同样有很多是非常有能力的，她甚至比男生做得更好。而在逻辑推理方面，男生未必比女生更有优势。

以上所提到的误区在很多企业中仍然存在。要想选出真正优秀的人才，在招聘的时候一定要克服这种刻板印象，只有这样，才能保证企业更好地发展。但是事实证明，这个误区很难去掉，因为这是我们的天性。我们讲的误区有的是可以去掉的，有的是没有办法去掉的，是我们骨子里天生的东西，那么只能在招聘的时候刻意地去注意它、避免它。

第四章

下属培训与辅导

身为一名企业中层经理，培训下属是一项重要的工作职责。它不仅可以使下属丰富专业知识，增强业务技能和改善工作态度，让下属更好地完成工作任务，还可以增加下属对工作的安全感和满足感，使他们感到工作有动力，从而减少人员的流失。

第一节　用“教练”的身份培育下属

一、积极主动地当下属的教练

通常，许多中层经理认为，培养下属在团队中属于重要但不紧急的事，而且很费时间，往往被企业管理者忽略而“忙”别的事了。这样做会造成恶性循环：下属越是能力不足，领导越是不敢授权，结果造成领导更忙，下属更帮不上忙的现象。

如果说中层经理真的没有时间，那也直接说明他对时间管理缺乏技巧，而不能作为不培训的理由。退一步说，工作过程本身就可以是一种培训。培训不仅仅是在专门的培训场所进行，工作中才是培训员工的最佳方式。如果工作很多，就与下属共同分担职责，让下属尝试没有经历过的工作。那么，他们在做这个工作时，就可学到新事物、培养出新能力。如此，让下属分担不曾经历过的业务，不仅可以完成工作，同时也可培训人才。

企业管理者若能积极主动地当下属的教练，在工作中指导下属，也能实现培训的目的，并带来意想不到的收获。

一个成功的教练需要通晓以下四项基本技能：传授、咨商、绩效评估、业绩辅导。

1. 传授

传授是企业管理者将做好一份工作所需要的专业知识、技巧及方法通过有系统的整合、规划成有成效的训练模式；再通过制度的配合及执行成效评估毫无保留地传授给下属，使他们做好分内工作。传授的要点有二：因材施教和激发创意。

2. 咨商

下属学得专业知识及方法后，如何能排除人为、环境的困难，将专业技能应用于工作中呢？此时便进入员工辅导最重要的阶段即咨商。

咨商是企业管理者协助下属培养个人解决问题的能力。企业管理者有好的咨商能力，可以在下属个人问题变成严重危机前先予以化解，预防人员的流失，并建立员工的忠诚度及对企业的向心力。咨商的重要步骤有四点：

（1）安排面谈时间。企业管理者必须能察言观色，察觉下属的情绪变化，制造合适的面谈机会；在谈话的过程中应注意隐秘性，这样才能建立下属的安全感，进而愿意与你一起面谈他所遇到的难题。

（2）鼓励下属开怀畅谈。开始引导下属进入探讨问题情境中时，应先采取“附和”他们的想法切入，才不致阻断谈话的机会点；同时要以开放式的问题，诱导下属开放胸襟来与你共同向深度探究，以便找到真正的症结。

（3）帮助下属想通问题。在友善、客观的气氛下，协助下属理清事情，必要时可以提供事实参考以及一些选择，使其看清问题的主要症结。

（4）让下属自己找到解决问题的方案。咨商的精髓，不是企业管理者“为”下属解决问题，而是协助下属“自己”解决问题，这样才能逐步提升其解决问题的能力。当下属找到解决方案时，企业管理者别忘了协助其提出一个行动方案，并有计划地追踪执行结果，这样才能达到咨商的最终效果。

3. 绩效评估

当下属因你的咨商而建立高品质工作能力后，辅导的下一个阶段，便是运用绩效评估的方法及技巧，来认同下属克服瓶颈所做的突破性努力。所以，绩效评估具有正面及长远的意义，它是激励下属不断奋发向上的有效方法。

4. 业绩辅导

业绩辅导是“以人为本”的管理方式。它要求企业管理者通过建立良好关系和令人鼓舞的面对面的交流来密切和员工的关系。它要求你不停地转换角色，迫使你积极参与员工的工作。业绩辅导更多地依靠良好的提问、倾听和协调技巧。业绩辅导分四个互为因果的阶段。

（1）教导。这种角色要求你扮演一对一的教师，你有责任就最终影响员工成长的问题与员工进行探讨。所有业绩都是通过人取得的，所以你必须对员工的发展负责。不要把企业的培训交给外人来做，因为他们不对员工的业绩负责。

(2) 职业辅导。作为下属的教练，你得引导员工相当深入地就其现在和将来的职业发展目标的实现途径探索其兴趣和能力所在。你得帮助员工考虑替代方案、决策等有关职业发展问题。你还需要让所在企业了解员工的职业发展观，以便使企业做出相应的计划安排。

(3) 直面问题。要提高业绩，必须直面问题，你得要求员工在成功的基础上做得更好。直接指出员工业绩欠佳无异于在训斥他们。因此，你必须学会不带批评地告诉员工需要提升业绩。

(4) 做导师。做导师的主要目的是促进员工职业生涯取得进一步成功。导师得指导员工解开组织中的种种难解之“谜”。做导师和做职业辅导不同，导师需源源不断地就组织的目标与经营观为员工提供信息和见识，教导员工如何在组织内发挥作用。此外，在员工遇到个人危机时，企业管理者还要充当其知己。

二、当个“教练型”的中层经理

“警察型”中层与“教练型”中层最大的区别就在于他们对待下属业务的态度不同。

“警察型”中层强调的是下属的行为规范，他们会划定明确的界限，不让下属越界。他们认为在这些规则的制约下，下属一定可以保持最高的工作效率。而对于“教练型”中层来说，他们视下属的业务为自己的生命，想方设法指导下属，帮助下属提高业务水准。他们知道，下属的好业绩，就是对自己管理工作的最大认可。

有一对兄弟经常去钓鱼。但他们性格差异很大，哥哥性格内向，不善与人交际；弟弟却特别热心，别人遇到什么事情，他都乐意提供帮助。

一天，他们来到海边，发现今天这里来了很多生手，因为他们不懂怎么钓鱼，忙了半天也没有钓上一条鱼。

哥哥看到这种情况，内心窃喜，因为，这样就没人和他竞争了，他把自己旁边看他钓鱼的人都赶走了，怕他们偷学会自己钓鱼的技术，他想今天自己一定会有一个大收获。

弟弟则直接向那些焦急的生手走了过去，对他们说："我来告诉你们钓鱼的诀窍，但你们每钓上两条鱼就要分一条给我。"

这些新手听了，都表示乐意接受，因为这总比什么也没有收获强。弟弟开始向他们传授钓鱼的技法，与他们在一起谈笑风生，也结成了朋友。

就这样，一天很快结束了，哥哥专心在那里钓鱼，到傍晚的时候，有了不小的收获。弟弟却始终没有去钓鱼，而是一直和那些生手在一起，指导他们钓鱼技术。当有人开始钓上鱼时，弟弟就和他们一起分享喜悦，当有人技术掌握得还不熟练，开始出现焦躁的情绪，他就在旁边耐心指导，同时不忘给予鼓励。这些生手，虽然技术不高，不过他们人数众多，并且生手似乎总有好运气，到傍晚时，他们也有了不小收获。当然，他们没有忘记约定，把钓上来的鱼分出一半，送给弟弟。众人拾柴火焰高，最后摆在弟弟面前的，竟然是一大筐鱼。

这两个兄弟，就如同两种不同类型的中层领导。

哥哥比较强调秩序，在自己与他人之间划有一条明确的界限，他不允许别人越过，更不愿意与他人分享自己的经验与技术，这让人感到他就是一个威严的"警察"。

弟弟的性格则要开朗许多，他乐于助人，乐于向他人提供自己的帮助和指导，不过他没有忘记适当向他们提出自己的要求。他的做法更符合一个"教练"的角色，自己不用上场去参与竞争，只需培养好自己下属的独特业务能力，最终就能从他们取得的成绩中，分享到自己应得的利益。

对于两种不同的性格，两种不同的管理方式，最终呈现的是完全不同的结果。哥哥非常忙碌，最终有了自己的收获，弟弟工作非常开心，也非常轻松，多了很多朋友，但是他的收获非但不比哥哥少，甚至还要多出许多。那些"警察型"的中层，维持了应有的秩序，但也会失去本来应有的空间，那些"教练型"的中层，与自己的下属会有一个愉快的合作过程，同时，通过大家的协作与努力，又会收获一个对大家都有利的结果。

作为中层经理，对于自己的管理职责与目标，必须要有全面认识，比较两种不同的管理方式，看看它们所产生的结果，你就会知道，自己究竟应该做警察，还是做教练了。

刘鹏担任一家汽车公司的销售经理，最近公司招聘了一批新业务员，面对公司的这些新成员，他采取了一系列的培训和激励措施。

这些业务员，很多人没有从业经验，甚至有些人是刚从大学毕业的学生，对公司不了解，对一些汽车知识也不熟悉，为此刘鹏首先采取的是“一对一”的业务扶助活动。让一个老员工带领一个新员工，在日常工作中进行实战锻炼，教他们如何和客户打交道，在实践中积累对汽车知识的了解。

此外，刘鹏还在员工们休息的地方放置了一些有关汽车的专业书籍和报纸杂志，给新员工创造了一个良好的学习环境。在没有客人的时候，刘鹏就会把员工们集合到一起，和他们沟通、交流，对他们取得的成绩进行表扬，及时指正他们身上所存在的不足，对于一些共性的问题，他还会专门组织一些短期培训，以达到提高整体业务水平的目的。

为了鼓励新员工的学习，刘鹏特意为此制订了激励机制。新员工如果在一个月内销售量达到老员工平均水平的2/3，就会多拿到5个百分点的提成；相反，如果低于他们平均水平的1/3，就会扣掉相应的提成。这大大激发了新员工的工作热情，虽然工作中遇到了各种困难，但是这些新员工都毫不退缩。没过多久，他们就能准确解答顾客提出的各种问题，成为了公司内部的又一批业务精英。拥有这么多“得心应手”的下属，刘鹏的管理工作自然也就开展得十分顺利。

作为一个部门的负责人，刘鹏深刻认识到对新员工业务培训的重要性，并且想方设法去最大限度地提高他们的业务水平。他组织实施了“一对一”业务帮带，为他们的业务学习提供最好的环境，并且为激发他们的积极性，还建立了激励措施。他的所有努力都有着最好的回报，他最终拥有了一个个“生龙活虎”的得力干将。

相对老员工来说，新员工的业务培训具有更为重要的意义。一个组织，只有注入最有活力的血液，才能谋取长远的健康发展，如果忽视对新员工的业务培训，对他们的工作状态漠不关心，也就失去了一次提升整体业务水平的机会，长此以往，你的团队就会后劲不足。

作为中层，作为公司部分生产经营活动的负责人，必须要认识到自己管理职责的根本就是让下属取得良好的业绩，只有想方设法把下属业务水准提高，自己的管理工作才算圆满完成。如果你就是这样的中层，如果你能够把公司业务做到最优，又怎么会成不了公司的“中坚”呢？

三、善于容忍下属的缺点和错误

从面对下属缺点和错误所采取的态度上，就能区别出这个中层是一个死板的“警察型”，还是一个亲和的“教练型”。

对于“警察型”中层来说，当下属在工作中犯下错误时，他们采取的往往是给予下属猛烈的苛责与惩罚。遭到惩罚的下属会因为这些可怕的回忆而尽量将自己的行为维护在合理范围之内，以避免再次犯下错误。下属产生了这样的心理，“警察型”中层的管理也就相对意义上具备了。但是，下属们对于这种性格的管理者的态度，大多也是敬而远之。

对于“教练型”中层来说，面对下属的缺点和错误，他们所采取的则更多的是包容态度。“教练型”中层把下属取得的成绩看成是自己的最终目标。他们认为，一旦遇到问题，积极寻求解决之道才是最好的方法，对于下属已经犯下的错误，他们则主要指导下属吸取教训，同时帮助下属重新建立起自信心，这样下属才能有勇气向着下一个目标继续发起挑战。对于“教练型”的管理者来说，人们更多的是信赖，甚至会有些“依靠”，因为在他们面前，从来不用担心暴露自己的问题，而问题在这里也往往会得到最好的解决。

戴高乐将军文笔优美，并勤于写作，为提高自己的水平，他想出了一个绝妙的主意。

他的智囊团中有很多有文采的人，他要求这些人就他指定的题目撰写发言稿和文章，但这些“笔杆子”所撰写的东西，又常常不会为他所用。

一次，一位下属为他起草了一份文件，他自认为十分满意，可第二天拿到戴高乐阅过后的稿件时，他却失望了，因为戴高乐已经把它改得面目全非。这位下属因此非常懊恼，他认为这是戴高乐将军对自己的极大不满意，自己已经面临被辞退的危险。

他来到了戴高乐的办公室，胆怯而尴尬地问道："我是不是已经没有必要留在总统府继续工作了？"

戴高乐听了后，哈哈大笑，说道："当然有必要！我需要这样的演讲稿，为的就是和他唱反调，这样我就知道我应该在演讲中说什么内容。"

戴高乐就是一个来文必复的将军，他阅过的文件在第二天一定要退回给作者，同时在文件上，会留有他的同意、否定、争论或是赞扬的批语。他的意见从来都不会保留，而面对这些意见，人们也不会感到"难为情"，因为大家知道戴高乐喜欢和下属唱反调，而这也正是他的沟通方式。与自己身边下属进行运筹帷幄的较量，来加深和发展自己的思维，这样当自己面临决策的时候，也就会有更多的支持，在未来的讨论或对敌战争中也就有更大的把握获得胜利。

戴高乐的管理方式，所体现的正是包容，面对下属在工作中存在的不足，他没有进行斥责，更没有说因为这些不足让他们离开自己的工作岗位，他只是哈哈一笑，让对方释放掉自己内心的疑虑，同时保持足够的自信去面对未来的工作。不过戴高乐更是一个聪明的管理者，从下属的不足中，他懂得进行反思，从而从中寻找到工作开展的正确思路。

作为优秀的管理者，不仅不惧怕失败，反而还会用开阔的胸怀去迎接失败，因为，他知道失败其实并不可怕，缺点也并不需要回避。失败之中可以孕育走向成功的机会，认识自己的缺点，才可以寻找到最正确的工作方法。他们的这些认识，最终会转变成为他们的管理态度，在他们的管理之下，员工每次面对失败和挫折后，不是失望，而是对自己的深刻反思和对未来信念的坚定。

此时，比较那些"警察型"的苛责管理方式，员工的性格则多是唯唯诺诺，谨慎后怕，面对激烈的市场形势，不敢作出果断的决策与判断。正是因为害怕犯错，才会出现更多错误，正是因为不敢袒露自己的不足，反而使自身行为有更多不足，最终不能取得什么像样的成绩，对管理者的考核也不会有什么好的评价。

能够成为主管的员工，头脑都不会差到哪里去，彼此之间所比较的就是他们的心胸和性格。对于那些能够赢得大家认可和爱戴，成为公司中坚力量的人，他们在对事、对人的过程中，总能体现出他们的大度和包容。一个足够聪明的中层经理总是给他人以更多空间，这样才能赢得人们更多的爱戴，同时也为工作开展创造出了更多空间。

四、以身作则，做下属的榜样

中层经理是企业的管理层中与基层员工接触最为紧密的人。无形中，他们的言语行为就会成为员工的表率。因此，中层经理的管理方式往往会对公司的业绩产生深远的影响。

从普通员工的角度来看，他们不希望自己的中层经理是一个“只说不练”的人，对别人提要求时，总是侃侃而谈，但当事情轮到自己头上的时候，却往往临阵退缩。这样的中层经理很难赢得下属的信任。下属一旦认为自己的上司是一个言行不一的人，就会对公司整个管理文化进行否定，既然自己的上司是一个可以“应付”的人，那他就没有必要为了工作投入自己全部精力。

反之，对于“教练型”的中层来说，遇到困难，他总能冲在最前边，遭遇挫折，他又从不推诿责任，面对困惑，他又能集思广益，集合大家的力量去寻求问题的解决方法。这样的人，总能鼓起大家的士气，最大限度调动大家的积极性，也会取得最好的管理效果。成功的领导，在于99%的个人威信和魅力展示，以及1%的权力行使。而这种威信与魅力的来源，正是来自领导自身的行为。

美国著名将领巴顿将军曾有一句非常著名的话：“在战争中有这样一条真理：士兵什么也不是，将领才是决定最终胜败的一切。”他为何会有这样的观点，看看下面的故事，你也许就会明白其中的原因。

当时的巴顿还在担任一个中级军官，一次，当巴顿带领部队行进时，汽车陷入了泥潭。巴顿喊道："你们这帮浑蛋，赶快下车，把车子推出来。"

听到命令，所有人都下了车，开始用力推车。在大家的努力下，车被推了出来。这时，当一个士兵准备抹去自己身上的污泥时，他惊讶地发现身边那个同样弄得浑身是泥的人竟然是巴顿本人。

这个士兵将这件事情一直记在心里。直到巴顿去世，在他的葬礼上，这个士兵才对巴顿的遗孀谈起这件事，这个士兵最后说道："是的，夫人，我们敬佩他！"

看完这个故事，我们再来回顾巴顿那句名言，也就不难理解他话里所蕴涵的深意了。士兵的状态是决定战争胜利的关键，不过要想让士兵保持良好的状态，首先领导者必须作出最好的表率。这个道理不仅仅在军队适用，在任何一个组织中都是完全适用的。凡是能够带好团队的领导者，必定是以身作则的领导者。

那些能够做到以身作则的中层经理，可以通过亲身实践及时发现工作中存在的一些问题，以便对问题进行及时变更，从而确保公司管理政策能够最大限度地与现实相结合，以此推动公司经营活动的有效开展。

有一家公司，其生产部门工作效率总是非常低，不能达到理想的效果。为此总部针对性地采取了一系列的改革措施，比如改进生产技术、加强监督，但都没有收到理想的效果，最后公司决策层经过考虑，决定更换部门主管，看能不能有所改善。

这位新上任的主管到达工作岗位上后，并没有急于开展自己的改革措施，而是进行了一系列的调查。在走访的过程中，他发现这个部门员工的工作积极性都非常低，各个生产环节之中也存在互相推诿的情况，员工普遍缺乏责任意识。

对情况有了基本了解之后，这位主管开始自己的改革。他首先宣布，自己要到生产一线从事工作，要和大家站在一条线上为改善部门业绩而努力。这一消息引起了大家强烈的反响，因为这是以前的管理者从来没有做过的事情。在他实践的过程中，同时也对生产一线的情况进行了解，反馈了很多有效信息，并据此对工作方针进行极大调整，推出了有诱惑力的薪酬激励机制来激发员工的积极性，明确员工的考核，让每个人都明白自己身上所肩负的责任，在他的努力之下，整个部门生产状况获得好转，公司的最高决策层对这一变化的发生也感到非常满意。

作为“警察型”中层，他永远站在管理者的对面进行管理，他只会告诉下属要做什么，什么不能做，只会告诉你明确的目标，除此之外，不会有更多的沟通和交流。但是作为“教练型”的中层，他则会经常上场进行示范，以求下属能最快地掌握这些最正确的方法，同时在示范的过程中，也可以从实践者的角度，对上级的策略进行体会，以求两者之间达到最好的配合。

作为最直接的负责人，中层经理是一个团队的先锋，也是公司文化和价值观的最直接体现，自己的工作能力、方式、思维方法甚至喜好都会对团队成员产生莫大影响。作为中层经理，一定要认识到自己的标杆作用，以对自己的严格要求和对工作的积极态度，来对整体工作进行最大支持。

第二节　为下属做好职业发展规划

一、给员工一个共同的目标

曾有人力资源管理专家做过这样一个实验：

将参与实验的人员分成三组，让他们分别向20公里外的一个村庄徒步前进，看哪个组能够以最快的速度准确到达目的地。

其中，第一组人员，对村庄的名称和路程的长短一无所知，他们所能做的只是凭着自己的感觉与判断往目的地前进。

第二组人员，知道他们将要前往的村庄的名字和路程长短，但是路边没有路程牌，他们只能凭借自己的经验与直觉去估算行程需要的时间和距离。

第三组人员，则详细地知道村子的名称、距离、路线，而且在他们行走的路线上，每隔一公里就有一个路程牌可供他们参照。

最终的实现结果又是怎样的呢？

第一组人员，刚走了四五公里就有人叫苦不迭，走了一半时有人几乎想退出了，他们都抱怨为什么要走这么远，何时才能走到。又走了几公里，在离终点只剩两三公里时，终于有人坐在路边不愿走了，看不到目标在哪里让他们放弃了。最终，坚持走到终点的只有一半人左右。

第二组人员，尽管知道目的地的名称和所要走的距离，但对于自己已经走了多远，心里却没有底，当走了一半路程的时候，也开始有人失去耐心了，当他们听到那些比较有经验的人说“大概走了一半的路程”时，大家就又簇拥着向前走去；当走到全程的3/4时，很多人的情绪开始变得低落，觉得疲惫不堪，而路程似乎还很长；当有人说“看，快到了”时，大家则又振作起来加快了步伐。

第三组人员，由于详细地了解和目标相关的一切情况，并且能够边走边看路程牌，这样一来，每缩短一公里他们便会感觉离目的地又近了一步，并且能够随时了解到距离终点还有多远。于是，他们就在行程中用歌声和笑声来消除疲劳，而且情绪一直很高涨，所以很快就顺利到达了目的地。

上述实验证实了目标的重要性，目标的作用在于：一旦员工的行动中有了它，他们就会把自己的行动与目标不断加以对照，从而能随时清楚地知道自己的行进速度和与目标之间的距离。由此其行动的动机就会得到维持和加强，进而就会自觉地去跨越一切障碍，直指目标。

鲍勃·汤森在《步步高升》一书中说：“领导人的重要作用之一，是使机构全体同人全神贯注于既定的目标。”因此，为下属界定其任务与目标可以说是管理者的一项重要工作，也只有具备了明确的目标，员工才能找到努力的方向。然而很多管理者却意识不到这一点，其下属因为没有明确具体的目标，只能盲目前行。

但是，在当今崇尚团队精神的大背景下，仅仅让员工有目标是不够的，还必须给员工树立一个共同的目标；否则，员工各自为战，就算个人绩效再出色，最终也很可能不利于团队目标的达成。

有一天，三个和尚在一间庙里相遇。

“这庙为什么荒废了？”不知是谁提出的问题。

“必定是和尚不虔，所以菩萨不灵。”甲和尚说。

“必定是和尚不勤，所以庙堂不修。”乙和尚说。

“必定是和尚不敬，所以香客不多。”丙和尚说。

三人争执不休，最后决定都留下竭尽所能，看看谁做得最成功。于是三个和尚虔心礼佛，很快，访客开始增加，络绎不绝，破庙又恢复了往日的喧闹。

“都因我礼佛虔心，所以菩萨显灵。”甲和尚说。

“都因我重修庙堂，所以庙宇堂皇。”乙和尚说。

“都因我讲经化缘，所以香客众多。”丙和尚说。

从此，三人日夜争执不休，庙里的盛况又逐渐消失了。

每个部门、团队中都拥有具备不同才能的人，就像上面的三个和尚，这本是团队的基本要求。但若团队因分工而无法合作，或不知个人的职责即完成部门、团队的共同目标，让部门、团队可以永续经营，而争功诿过，那么部门、团队终将面临难以为继的困境。

一个部门、团队要有战斗力，首先要有一个员工都充分一致认可的目标，这个目标足够让员工兴奋起来，行动起来。它可以激发员工的内在潜能，达到调动人的积极性的目的；同时，这也是团队以人为本、尊重个人的目标体现。它激发了每个人自动自发的工作意愿，善用它将是成功的保证。

在现实工作中，作为公司的中层经理要给自己的下属一个共同的目标，只有拥有了一个统一而明确的目标，整个部门的员工才能拧成一股合力，往同一个方向努力，这样才能促成目标的达成。

二、帮助下属分析职业发展生命周期

关于生命周期，很多人往往局限于个人的生理周期——婴儿、儿童、少年、青年、成年、中年、老年。事实上，从另一个方面来说，人生也是一个周期，如职业生涯的生命周期。与生理周期相比，职业生涯的生命周期有着很大的不同，它主要是从事业的角度入手，将特定个人的几十年划分为五个周期。如图 1 所示。

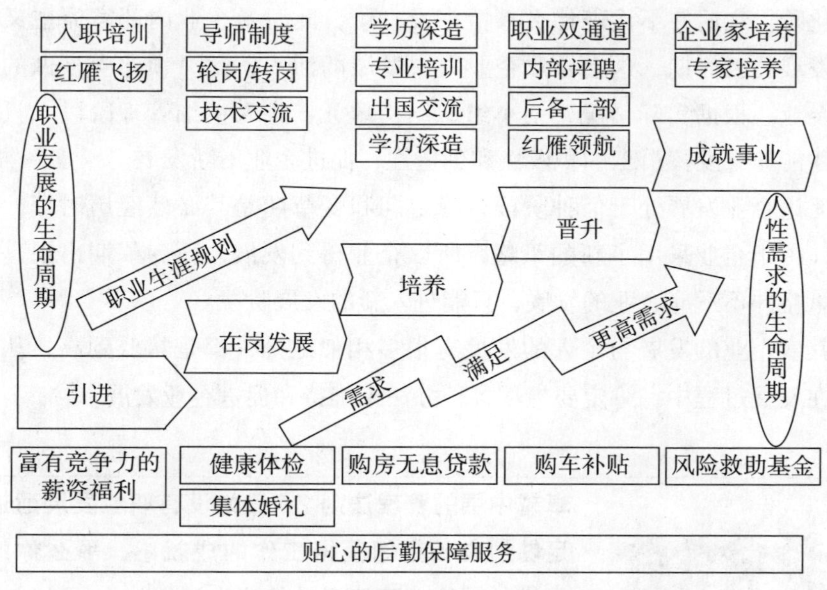

图 1　职业发展的生命周期

从表面上看来，人生好像就是为了完成一系列特定的任务而存在的。在某一个特定的生命周期阶段，人生就会有独特的任务。如成长期的知识学习；导入期的工作学习、成家；发展期的事业定型与成熟、生育儿女；成熟期的事业达到顶峰、操心子女的发展问题；退休期则是颐养天年，尽可能地多活几年。

而职业生涯生命周期的核心是个人事业的发展。由于个人的收入是由事业的发展决定的，人的支付能力是由收入决定的，而人生任务的完成情况是由支付能力决定的。

其实，任何事物的发展都具有阶段性。企业也不例外。营销学将这种阶段性定义为企业的生命周期。现在我们所熟知的很多大企业都是从小企业发展而来的。在这个过程中，有四个发展阶段：创业阶段、集合阶段、正规化阶段和精细管理阶段。

创业阶段主要是以现场管理的形式经营自己的企业；集合阶段是企业规模扩大，此时老板不可能对企业进行现场管理，而是需要在企业内部进行正式的管理；随着企业规模的进一步扩大，简单的正式管理已不适应了，必须设计合适的组织结构，全面进行正规化管理，企业就进入正规化阶段；进入正规化阶段之后并不代表什么事情都没有了，此时是企业内部官僚主义的滋生和发展壮大时期，这会导致企业失去发展的活力，此时领导应该做的就是调整企业，根据实际情况，划小组织结构单元，进入精细管理阶段。只有这样，才能充分发挥员工的积极性和创造性，促进企业不断发展。

无论企业发展处于何种阶段，稳定期和变革期是其必然经历时期。在稳定期，由于企业采用了新的策略，所以企业得到发展；而变革期出现是因为很多策略并不适应企业的发展，只能进入新的发展阶段。

其实企业的发展与个人的发展有很多相似之处，都是从低到高，从小到大。在发展过程中，一定要想尽各种办法来维持和促进企业发展。

卓越中层的管理法则 7：假如没有职业发展通道和足够的成长空间获得工作的成就感，那么你的下属成长越快，可能导致他流失越快。

三、有效的员工职业培训与开发

要做好中层经理工作，绝不能忽视对员工的职业培训与开发。那种“教会徒弟，饿死师傅”的说法在今天这个竞争日趋激烈的社会不再适用，我们一起来看一下要做到有效的员工职业培训需要从哪些方面入手。

1. 确定培训内容

在进行员工培训之前，应事先确定培训的内容，以使培训工作更有指向性，一般来说，企业的培训有如下内容。

（1）知识。通过知识培训，应该使员工具备完成本职工作所必需的基本知识，而且还应让员工了解企业经营的基本情况，如企业的发展战略、目标、经营方针、经营状况、规章制度等，便于员工参与企业活动，增强员工的主人翁精神。

（2）技能。通过技能培训，使员工掌握完成本职工作所必备的技能，如谈判技能、操作技能、处理人际关系的技能等，以此也能够培养、开发员工的潜能。

（3）态度。员工态度如何对员工的士气及企业的绩效影响很大。必须通过培训，建立起企业与员工之间的相互信任，培养员工对企业的忠诚以及应具备的精神准备和态度，增强企业集体主人翁精神。

2. 确定培训项目

（1）确定培训项目的必要性。科学、准确地选定培训项目，是开展培训的前期工作。培训项目合适与否，对整个员工培训工作影响很大。一个企业有必要开展组织培训工作，就意味着该企业内部出现了薄弱环节，必须采取某种培训项目来弥补。

具体可以从两个方面来发现企业开展培训的必要性和现实性。

从员工方面来看，当某项工作的要求与员工现有的知识、能力、态度出现差距时，就有必要进行培训。

从企业整体来看，当企业的目标与实现这些目标所必需的条件出现差距时，为消除这些差距就必须组织培训。通过以上的比较分析，发现企业现状与理想状态之间的偏差，从而明确培训工作的必要性和方向性，有针对性地举办培训项目。

（2）工作分析。经过上一阶段的比较分析，大体上掌握了企业举办培训项目的方向性。但至于培训的工作量到底有多大？需要给员工补充哪些知识、培训哪些技能？这就要通过工作分析来进一步确定。

在企业管理中，工作分析的应用范围很广，可以用于员工操作方法的分析与改进、企业组织结构的确定、工资标准的核定、员工培训等多方面，但其一般原理都是相通的。

针对企业员工培训的不同要求，具体运用工作分析的方法也有所不同。

以下介绍几种主要的工作分析方法：

任务分析法：这种方法是通过对某项任务进行系统的分析，找出工作难点，以此来确定相应的培训项目和培训方法。采用这种方法，要先把某项任务进行分解，逐项分析，判断各项的难度和重要性，有针对性地选用不同的培训方法。

缺陷分析法：如果某项工作的事故、缺陷较多，这时就可采用缺陷分析法。这种方法通过对工作中事故和缺陷产生的原因进行分析，采取针对性的培训方法消除工作中的事故和缺陷。

技能分析法：技能分析法是用以分析非管理性工作最常使用的一种方法，它既适用于对简单工作的分析，也适用于对复杂性工作的分析。这种方法的关键之处在于其系统性，从而为培训项目的设计提供充分的资料依据。

通过以上这些工作分析方法，就可以对员工工作的实际状况与理想状况进行对照比较，发现两者的差距，确定相应的培训任务和培训项目。

（3）不同层次人员的培训项目。在一个企业内部，由于各类人员的工作性质和工作要求不同，各有其独特性，因而对这些不同类别的人员的培训，在培训项目的安排上就各有其独特性。

3. 选择培训对象

准确地选择培训对象，不仅能降低培训费用，而且能够增强培训效果。在选择培训对象时，应重点考虑以下人员：

新进员工：对新员工进行培训，可以使他们顺利地进入工作状态，有一个良好的工作开端，为企业的发展贡献力量。

有能力且符合企业发展的人：有能力且符合企业发展的人是企业的技术骨干，是更新知识或发展成为复合型人才的需要；是转岗的需要，可以担当或胜任新岗位的工作。

有潜在能力的人：有潜在能力的人，具有一定的创新能力和创造力潜质。对他们进行培训，目的是挖掘和激发其潜在的才能。企业往往期望他们通过培训，掌握各种不同的管理知识和岗位技能，让其进入更复杂、更重要或更高层次的工作岗位。

有特殊需求的人：有特殊需求的人，一方面是指能为企业各种突发情况提供应急技能的人；另一方面是指对自己有特殊需求，有很强的培训参与欲望的人。

以上是培训对象的重点来源。在具体的培训过程中，应该根据具体的培训类型和培训内容，选择相应的培训对象。

总之，一个好的培训课程，一方面能够保证培训顺利开展；另一方面能够提高培训质量。

第三节　辅导下属提升工作能力

一、培养下属重视细节的习惯

把工作做细，把工作做精，把工作做到完美无瑕，是每个中层领导所期待的，但往往是员工在工作一段时间后，就很难把工作做得更精细、更完美了。不是工作中没有了可以弥补的漏洞，而是员工本身没有培养出注重细节的品质，以至于把企业带到了发展的“瓶颈”。解决这个问题的根本办法是进行员工培训。提高下属素质的关键，就要从生活工作中的细节小事着手，培养员工养成追求精细工作的良好习惯。

比如单位中，下面的情形也许并不少见：椅子桌子上，文件放得乱七八糟，有的上面还带着模糊的脚印；椅套脏兮兮的也不洗；复印机忘了关，连续一小时在空转；电灯也没关；尚可利用的铅笔，过早地扔进了纸篓里……

下属们的这些表现，说明了他们工作态度不慎重。从这些小地方可以直接看出一个人的内心与修养。因此，作为一个中层领导只要懂得从这些细小处入手，就可以很好地培养下属的修养。在办公室里要制定各种各样的规章制度，制定后，不能只挂在门后边的墙上，要定期且及时地落实执行。遇到有些下属能做到又故意不做的事，可以耐心地说服教育他。良好的办公室秩序，对于培养一个下属的好习惯是很有效果的。

培训员工是中层领导不可推卸的责任。如果在事情还小的时候就加以防止，比形成大气候之后再处理要容易得多。这样也使得员工管理变得更为容易和顺利。如果你认为宏图大略才是真正的大事，而那些鸡毛蒜皮的事情根本不值得关注，那么，很可能将有一大堆小事给你带来一连串麻烦。

世界华裔建筑设计大师贝聿铭曾对北京城市规划提出过重要建议，他在北京香山饭店的设计中，努力探索出一条把现代建筑特征与中国民族特色相统一的可行之路，为丰富中国新建筑发展道路方面作出了重要贡献。然而，在北京香山宾馆建成之后，贝聿铭却认为香山宾馆是他设计生涯中最失败的一件作品。

实际上，在香山宾馆的建筑设计中，贝聿铭对宾馆里里外外每条水流的流向、每块石头的重量、体积的选择以及什么样的石头叠放在何处最合适等都作了周详的安排，对宾馆中不同类型鲜花的数量、摆放位置等细节都有明确的说明，可谓匠心独具。

但是工人们在建筑施工的时候对这些“细节”毫不在意，根本没有意识到正是这些“细节”方能体现出建筑大师的独到之处，随意改变水流的线路和大小，搬运石头时不分轻重，在不经意中“调整”了石头的重量甚至形状，石头的摆放位置也是随随便便。看到自己的精心设计被无端演化成这个样子，贝聿铭痛心疾首。

可见，香山宾馆建筑的失败不能归咎于贝聿铭，而在于工人在操作中对细节的忽视，甚至藐视。

危机往往是一个人在不经意间积累的，成功也是由许多细节累积而成的。在很多时候，企业的成败就取决于某个不为人知的细节。生活中充满了细节，有一些看起来非常偶然的细节会帮助或伤害我们，所以认清那些影响我们成败的细节十分重要。

细节是至关重要的。一个企业能否有好的发展，并不是单纯由一些大决定和大动作造成的，细节才起着决定性的作用。只有把细节工作做好了，企业才能由小变大，由弱变强，由小舞台走向大市场。如果只是抓大的产值，抓大的市场，抓大的产品，而忽略一些细小的东西，必然会造成非常大的损失，到那时候真是追悔莫及。

高效的中层经理可以不必强求结果的完美，但要注重细节的完美。将这样的理念传授给员工，并努力使其成为每个人的习惯，是直接影响每一个组织行为结果的关键要素。

美国职业篮球队的伍顿教练笃信“成功源于细节”。在每一赛季的第一次例会上，他都会首先向队员们讲解着装要求，而非比赛目标；当有新队员到来时，他会首先向新队员讲解如何穿球袜，而非动作要领，因为这些细节都是比赛成功的基石。

伍顿教练会让训练员精确测量每一个球员两脚的尺寸，确保发放的新鞋不会因号码不合在比赛中打滑；在比赛中场休息时，伍顿教练会提供给队员等同室温的饮水，避免队员因为饮用冰水而腹痛等。这样的小事在别人眼中可能是微不足道的，但正是伍顿教练注重的这些细节让他的队员在比赛过程中能够全心投入。

成功来源于点滴小事的积累。中层经理要注重培养组织成员不断完善细节的习惯，这样组织才能有持久的成功。组织中的所有成员若都能养成这种注重细节，积少成多，不断完善的习惯，组织最终目标的实现就更能趋于完美。正所谓“小区别，大不同。”

二、打造员工的自信素质

中层领导在培养员工的自信心时，要注意一个最大的“阻碍因素”，即员工的自卑感。不论哪个公司，总存在着有自卑感的员工。一旦自卑感作祟，人就会丧失自信，使其本身能力降低。

理查·布兰迪曾是微软公司的首席软件设计师，在26岁的时候就设计出第一版的Word软件，因此被比尔·盖茨重用，让他带领一个小组开发一套新的软件。但这个计划没有成功，布兰迪因为缺乏领导他人的心理准备，导致计划延误，最后离开了微软。布兰迪自己分析后认为，自己不适合担任小组或是部门领导人的工作，原因是他不知道该怎么做好领导者的工作。他缺乏信心又不敢求救；他怕别人看出他缺乏能力——不是技术能力，而是领导能力。

可见，一个人如果丧失了自信心，整个人就会显得萎靡不振、毫无活力，而且是永无长进。自信能力是一个有良好素质的员工不可或缺的创造源泉，也是影响一个人工作能力高低的重要因素。在一个组织之中，员工的自信是与组织的整个士气密切相关的，是与他们的个人绩效紧密联系的。那么，到底在什么情况下员工才会产生自信心呢？当他们知道了过去所不知道的事；完成了以往所无法完成的事；或者赢了他过去所无法胜过的人，这时他就会产生自信心。自信心的提高，会使一个人对自我的把握能力加大，这种自我把握能力是一个人对自己准确评估与预见的能力，它会在人的内心产生一种能动力量，促使个人向完善发展，并且因此而把握住一个正确的途径。

作为一名精明的中层经理，要想使自己的团队团结一致，高效运转，就要调动员工的积极性，就要让他们在能够培植自我激励、自我估价与自信的气氛中工作。

小李是一个性格内向的小伙子，平时沉默寡言，不擅长交际。参加工作后仍然如此，不管领导给他任何工作或任务，他的表现都不尽如人意。小李的经理为了增强他的自信心，在对他进行一番详尽的了解后，经常对他进行鼓励和夸赞，用心去发掘他不易被察觉的长处。

“你很不错，只是你自己没有发觉，你以前曾做过××事，那时候你的表现真是好极了。”

“不要管别人对你的看法，只要你不感到愧对自己就行，要堂堂正正地挺起胸膛来。”

小李的经理经常找出小李的优点，激励他勇往直前的气概。渐渐地，小李增强了自信，工作也做得有声有色。

自信，可提高个人的工作意念。自信心就像能力的催化剂一样，可以将人的一切潜能都调动起来，将各部分的能力推进到最佳状态。自信能排除各种障碍、克服种种困难，能使事业获得完美的成功。1937 年，获得诺贝尔文学奖的法国作家杜伽尔说：“我力量的真正源泉，是一种暗中的、永不变更的对未来的信心。甚至不只是信心，而是一种确信。”管理者一定要努力培养员工的自信性格，帮助员工时刻保持轻松的心情，使其敢于直面各种困难的考验和挑战。

管理者要指导员工克服自卑心理，产生自信心，必须由多方面切实施行。

1. 列举他们的优点

人有了自卑感后，即使有能力也难以发挥出来。其实，除了少数能力特别突出的人外，其余人的能力相差并不大。如果能增加他们的信心，消除其自卑感，他们甚至可以取得与能力强的人一样的成果。所以，领导要亲近这些人，多与他们进行交流，列举他们的优点，证明他们并不比别人差多少，也一样可以干得很出色，从而激发他们的上进心和自信心。

2. 找一些比较容易的工作让他们干

安排工作时，找一些相对比较容易的工作让他们干，完成得好，出了成绩，哪怕是小小的成绩，你都要立即表扬鼓励，让他们从自己的成功中看到希望，增强信心。随着其能力不断提高，对他们的要求也应不断提高。相信过不了多久，他们的能力就会有很大的提升。

3. 比对别人多花一点精力

对自卑感强的下属，需要比对别人多花一点精力。给其他下属布置工作，交代清楚就可以了；而给这些人布置工作，要更明确、具体一些，不仅要交代任务，还要教途径、教方法。在其完成任务的过程中，要加强指导，帮助他们克服困难、清除障碍，使之不断增加经验，满怀信心地发挥自己的才干。

需要指出的是，身为上级领导，你不能手把手教他们一辈子，必须在提高他们自身能力上下工夫。也就是说，对自信心低的人，最好的办法是使他们学会多动脑筋，“自己飞起来”。

4. 不要损伤他们的自尊心

能力低的人自卑感强，自尊心也很强。面对这样的下属，安排工作时不要损伤他们的自尊心。需要批评时也要婉转，否则容易使他们产生敌对心理，或从此自暴自弃、破罐子破摔。

三、对下属进行有效的纪律培训

执行力来自服从意识，服从意识来源于铁的纪律！从图 2 可以看出企业的执行与服从都要以严明的纪律为基础。

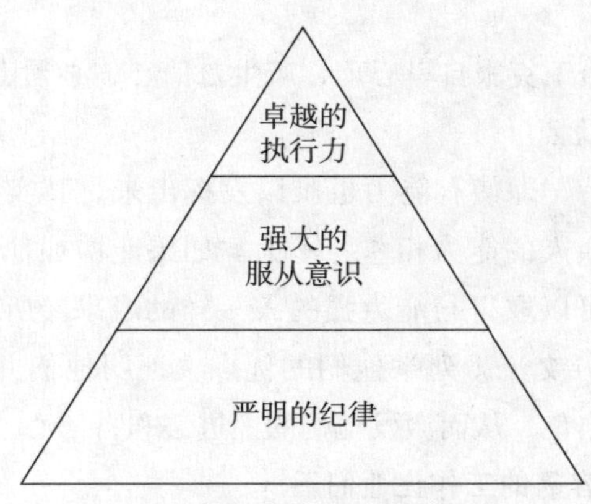

图2　严明的纪律是基石

“没有规矩不成方圆”。不管在企业或事业单位，纪律都是管理中必不可少的一个重要方面。纪律在组织中有着至高无上的地位，单靠礼和情并不能完全领导好下属，只有依靠纪律才能把公司的正常业务开展起来。因此，中层领导对员工进行纪律培训是理所当然的。

奖也好，罚也罢，活动开展得轰轰烈烈，可很难在实际工作中收到效果。这是因为中层经理没有对下属进行有效的纪律培训，没有使员工认识到纪律的重要性。作为中层经理，应该如何对下属进行培训呢？

1. **有法必依，令出必行**

要培养一支能征善战的队伍，首先就要从军队的纪律抓起，以法治军、以规治军才能提高部队的战斗力。严格的纪律，有法必依，令出必行，不仅是将帅的性格，也应是管理者必备的素质。

毕业于西点军校的乔治·巴顿除骁勇善战外，还以森严的军纪治军而声名远扬。

第二次世界大战中，巴顿根据自己长期的治军经验，认为一支纪律松懈、军容不整的军队是不会有所作为的。因此，他决心从整顿军纪入手，对第二军进行严厉整顿。

巴顿首先从严格作息时间抓起，到任后的第二天早上7点钟，巴顿按作息规定准时到食堂就餐，发现只有他的参谋长加菲来了。他当即命令厨师马上开饭，1 小时后停伙。并发布命令："从明天起，全体人员准时吃饭，半小时之内完毕。"由于巴顿抓住了吃早饭这一环节，从而杜绝了军人迟到的现象。

接着，巴顿发布了强制性的着装令：凡在战区，每个军人都必须戴钢盔、系领带、打绑腿，后勤人员亦不例外。对于违反此命令者规定了罚款数额：军官50 美元，士兵30 美元。巴顿半开玩笑地说："当你要动一个人腰包的时候，他的反应最快。"

尽管如此，还是有些人不以为然，不断出现违纪现象。听到这一情况后，巴顿亲自带人四处巡视，把不执行命令的人强制集中起来，进行训斥，话语不免十分粗鲁："各位听着：我绝不会容忍任何一个不执行命令的兔崽子。现在给你们一个选择的机会，要么罚款 25 美元，要么送交军事法庭，并记入档案。你们自己看着办吧！"这些士兵只好乖乖认罚。

尽管巴顿的这种做法招致了许多人的反感和咒骂，但这样做的效果却是非常明显的。

严格的纪律在 11 天之内便使第二军重新振作起来，进入了战斗状态。后来在盖塔尔战役中一举打败了德军。

巴顿能在 11 天内改变一支部队的"执行力"，依靠的就是对"纪律"的强调。但巴顿并不是强硬的命令者。他从不满足于运筹帷幄和发号施令，而是经常深入基层和前线考察，听取下属意见，而且身先士卒，让部队感受到统帅就在他们中间，从而"愿意听从他的命令"，愿意服从他的指挥。

2. 不断地督导下属，从他们的生活抓起

在下属用餐时，你就可以组织一个检查班子，看他们是否很讲究卫生、打饭前碗冲洗了没有。如果没有的话，就把他们的做法纠正过来，让他们养成遵守纪律的习惯。再如：在员工的宿舍里，就应该要求他们随时保持整洁，制订的标准要具体一些，检查时要严格一些。

制订了如此一系列条例后，还需定期进行检查，评出优、良、差，或者用打分的形式，以保证条例得以贯彻。如果单位条件许可，也可以每年对员工搞一次军训，这样就可以强化纪律，达到培训的目的。

第四节　下属培育计划和实施

一、正确引导新员工

新员工从录用进入试用期间，心理活动将经历四个不同阶段，每个阶段其感受是不一样的，积极性将明显发生变化，我们称为“新员工感受曲线”，如图 3 所示。

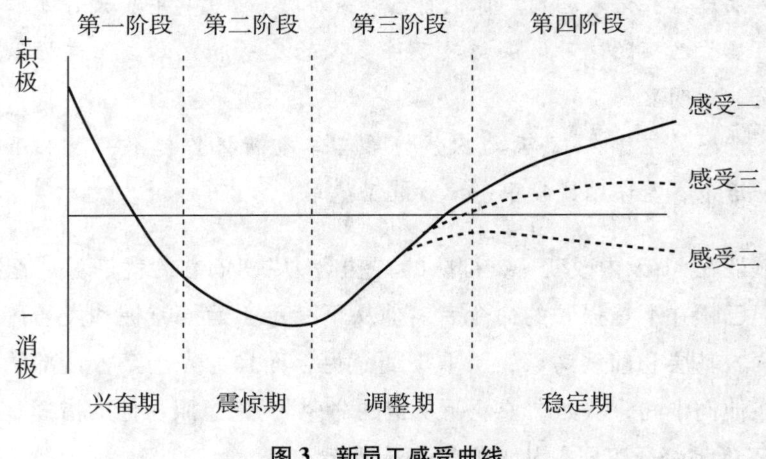

图 3　新员工感受曲线

第一阶段：兴奋期

新的地方、办公室，新的办公区，新的上司、同事和下属……这一切都会让新人充满好奇，兴奋不已。实际上，兴奋期从他接到公司的 offer 一直持续到试用期，短则几天，长则数周。兴奋期新员工的特点是：对公司充满信心，对新岗位充满期待，工作积极，服从安排。在此期间，公司给他的印象是正面的。

第二阶段：震惊期

难以接受的公司规定，不顺畅的工作流程，不友好和难以相处的人员，内部冲突，频繁的员工流失……这些看似正常的现象都会给新员工带来负面情绪。震惊期新员工的特点是：缺乏心理准备，对公司的诸多问题感到惊讶甚至失望，积极性下降。

第三阶段：调整期

回想自己以前工作过的几家企业，哪一家不是存在许多问题呢？以上现象其实在每一家公司都有不同程度的存在，此时，新员工开始调整自己的心态，降低期望值，恢复工作积极性和对企业的信心。调整期新员工的特点是：不断地进行思想斗争，权衡利弊，不确定自己该不该在此企业扎根。

当然，不同员工所需的调整期时间长短不一，有的员工很快就能“自我修复”，调整好心态，而有的员工则需要上司和其他员工的帮助。

第四阶段：稳定期

经过一定时间的思维调整，新员工的心态将逐步恢复平静，积极性上升，重新认识自我，认同公司。这是一类新员工（见图3：感受一）。

由于对这份工作感到极不满意，加上新工作带来的挑战，以及外面其他企业的诱惑，使新员工从惊讶到失望，从失望到绝望，最后他下定决心放弃这份工作，另谋高就（见图3：感受二）。

对本企业还有信心，正面印象大于负面印象。不过，上述负面印象在新员工大脑中产生了阴影。到底该不该在此工作，新员工自己也说不清楚，心情郁闷（见图3：感受三）。此时，如果他被上司训斥，或者被其他老员工排挤，很容易打“退堂鼓”。相反，如果上司此时注意到了新员工，进行有效的辅导，使之融入团队，则新员工可能逐步恢复信心，积极投入工作。

从上述曲线图可以看出，在试用期间，员工能否保持积极心态，留在企业工作，作为上司的管理者负有重要责任。因此，做好新员工的入职引导和岗前培训尤为重要。

在进行岗前培训的时候一定要按计划进行，只有这样，才能保证工作有条不紊地进行，起到事半功倍的效果。如果想要给新员工设计一个出色的岗前培训计划，最好确定提供什么信息、谁来传授这些信息、怎样传授和何时传授这些信息等。

在计划岗前培训方案时，你应该知道：所有的内容都不可能囊括在一天之中。有效的岗前培训应该在新员工加盟企业之前就开始了，并且在新员工投入工作之后继续提供信息和帮助。在具体的操作中，所有的岗前培训会持续很长的一段时间，一般包括三个阶段。

1. 录用前

这里的录用前就是新员工在被公司正式录取之前，招聘过程就提供了一个“教育培训时期”，也就是向未来人才介绍企业的背景和经营理念，尤其是介绍该项工作的机会。企业的面试考官通常向应聘者介绍一般的薪金、工作时间、休假、福利及其他人事政策，这类信息的沟通标志着岗前培训已经开始。

在申请人接受了这份工作之后，公司就希望与他们保持密切联系，一直持续到他们报到上班。或许，在这段时间内，公司会给他写一封接收函，并寄一些企业的其他资料，或者由部门管理者给他写一封言辞恳切的信，并寄几份企业内部杂志增强他们对公司的了解。企业管理者亲自给应聘者打一个个人电话也是绝好的办法，这会让他们感到企业对他的加盟感到很满意。

2. 第一天

在新员工报到的时候自然是心中充满了疑问，也会感到非常紧张。此时，部门管理者应当适当表现一下，不仅亲自迎接新员工，而且要和他们讨论第一天的日程安排，开始岗前培训工作。在第一天上岗时，不能给其灌输太多的信息，只需做到五件事情：

（1）通过一种恰当的欢迎活动，让新员工对第一天记忆深刻；

（2）做相关的登记，填相关的表格，并且对其解释一下薪资和福利；

（3）参观办公室、有关设施或工厂；

（4）向其介绍领导和同事；

（5）让他明白新员工的职责，制定熟悉工作的日程安排。

尽量用积极向上的语气开始和结束新员工的第一天，目的是让新员工下班回家时有一种归属感，并对明天充满期望和热情。如果做到了这一点，第一天岗前培训就成功了。

3. 入职一至三个月

在入职最初的几周时间里，部门管理者应当始终与新员工保持良好的沟通关系。这是新员工了解公司运营程序的关键时期，并且试着承担相应的工作任务。所有的员工都期望他能成为大家的好同事，大家共同努力来提高业绩。同时，这也是新员工表现自己的关键时期。

如果新员工需要特殊的技能培训才能胜任工作，必须抓紧时间进行。只有这样，才能更好地工作。

或许在如此短的时间里，新员工建立了自己的圈子，但不能认为这样就可以了，而是仍要继续帮助他们融入公司的生活。这里还应当提到的是提高他们的认知度，尽量让更多的同事认识这些新员工，毕竟以后可能还有合作的机会。

二、体验式培训

体验式培训可以让人们在培训中展现其真实的行为。

倘若你觉得在水中游泳或玩大块拼图游戏似乎是一种奇特的管理培训方式，那你显然是少见多怪了，至少是你没参加过体验式培训。别具一格的管理培训课程培养参加者的创造力，并挑战他们的忍耐极限。

体验式培训一般由专门的培训机构开展实施，国泰公司就是其中最有名的一家。这家体验式学习公司专门培训员工跳出框外进行思考的能力。它目前在中国及日本设有办事处。其课程安排通常为期 3 天，并在一些偏远的地点举行，如在位于中国长城脚下的乡村、杭州西湖边上或静谧且风景如画的香港大屿岛上的培训学校。该公司不会在平淡无奇的酒店空调会议室举办讲座，既不使用投影仪，也没有生动的电脑图表。

国泰公司中国办事处总经理布朗说：“我们采取的是体验式培训，让人们在培训中展现其真实的行为，我们采取辅助技巧，协助参加者分析、讨论他们在活动中的行为，并带回到他们的工作场所中。很多参加者都是工商管理硕士，一般都是非常精干的年轻人。但是他们缺乏交际技巧、主动性及创造性。这些是他们所受教育中没有提供的。”

一般每个培训小组由自管理层往下的多名成员混合组成，这是个优良组合，每个人的穿着都很随意，乍一看没人能知道谁是上司。

另一条件是培训地点应当远离工作场所。美国汽巴公司香港染料部经理西蒙斯对此深有感触，他在6个月之内让包括他自己在内的80名员工参加了国泰课程。他说："没有电话搅扰，甚至没有移动电话，简直太妙了。"

通常情况下，国泰课程是企业更大培训项目的重要部分。诺基亚中国公司在12个月内分别举办了4次国泰课程，对象是新招聘的员工，旨在让他们建立彼此的信任感及承诺。

虽然这些管理技巧源自西方，但是这类培训在很多国家和地区都是适用而且受到了欢迎。另外，培训练习活动的失败比成功能教给人们更多东西。

在一个真实的案例中，一家跨国石油公司想从竞争对手中夺取市场份额。但是它的四个独立的中国办事处却没有共享的目标，没有采取一致的提高销售额的方式。在国泰看来，解决方案就蕴藏在一个1小时的练习中。练习使用的道具包括橡胶手套、一条绳子、一个弹力橡胶管及放在水桶上的一杯水，水桶则放在一个大绳圈内。

布朗解释说："练习的目标是将杯子（代表顾客）从水桶（代表竞争对手）上移开，运用所提供的道具（创造性和主动性）将杯子安全地移到圈内的四块小木板上（企业的服务中心）。"

"您不能进入圈内，只能使用那些工具。这个练习意在表明，如果您不小心对待顾客，您就会失去他们的忠诚，即洒掉此处的水。我们鼓励学员使用商业用语来替代道具原来的名字。"

"在这种练习中，每个人必须精诚合作，具有战略眼光。您不仅要接受现状，还要与他人共享信息并让每个人都参与进来，就像从事商业活动一样。"

在国泰的客户看来，其中的挑战在于参加者将水杯挪开是对他们各自工作场所的恰当比拟。这意味着要创建各种框架，使秘书或一线销售人员能渐渐把握做好业务的观念，或创造使员工可以畅抒己见的氛围。

"这些培训活动及建立团队的方式简直太有意思了，"布朗说，"人们喜欢他们的培训地点和玩的游戏。但是活动研讨以及研讨如何反映日常工作至关重要。作为一名辅助者，我观察了大量细节，然后向组织者反馈他们下次如何能做得更好，他们按着做了。"

国泰的其他训练是针对突破个人局限的。对西蒙斯来讲，这种突破就是在攀登荡来荡去的绳梯时克服对爬高的恐惧。在国泰举办的第一期培训课程中，他只能爬三级，但是在随后的课，他爬到了顶端。汽巴公司在设计国泰公司课程的框架时，其准则是团队协作和冒险。

西蒙斯强调说："学员虽然感到紧张，但是不怕丢面子，因为失败了也没什么，这更像是在说'我要试试'，并向您的恐惧挑战。"

像国泰公司这样的体验式学习公司已经大量出现，它们设计的培训获得企业的广泛欢迎。这种创新的培训形式，在促进员工交流合作方面成绩斐然。

三、户外拓展

通过野外拓展培训，可以加强员工与企业的沟通与信任，营造良好的团队氛围，挖掘员工潜力，熔炼团队精神，增强企业核心竞争力。

由于现在是信息时代，任何事物的发展都不能局限于之前的模式，而是要进行拓展培训。与传统的知识培训和技能培训相比，拓展培训主要是在野外开展，通过多项活动来加强员工与企业的沟通与信任，促进企业更好发展。

近年来，拓展训练开始在中国流行开来，尤其是那些平时工作压力大、知识密集型的高科技企业，都竞相组织员工到野外参加这种拓展式培训，既让员工在紧张的工作之余享受了野外清新的阳光和空气，又加强了员工之间的沟通与合作。

拓展训练，也称"外展训练"，就是驾着一艘小船离开安全的港湾，驶向勇敢者的探险旅程，去接受挑战和战胜困难。在20世纪40年代，拓展训练起源于英国。当时，由于受到德国潜水艇的袭击，英国的很多军舰都沉没了，而大多水兵也丧生，只有少数人幸存下来。为什么其他人死了，而这些人生存下来了呢？通过观察发现，不是因为这些人的体能好，而是因为他们有着非常强的求生意志。因此，拓展训练逐渐被推广开来，最初的训练对象是海员，后来逐渐扩大到军人、学生、工商业人员……最初的训练目标就是体能、生存训练，而现在已经扩展到心理训练、人格训练、管理训练……

现在，崇山峻岭、瀚海大川等自然环境是拓展训练的首选之处，人们通过各种精心设计的活动，在解决问题、接受挑战的过程中，使学员达到"磨炼意志、陶冶情操、完善人格、熔炼团队”的培训目的，是一种现代人和现代组织全新的学习方法。

拓展训练的课程主要包括三类：水上、野外和场地。游泳、跳水、扎筏、划艇等是水上课程；野外课程包括：远足露营、登山攀岩、野外定向、伞翼滑翔、户外生存技能等；场地课程是在专门的训练场地上进行，利用各种训练设施，如高架绳网等，开展各种团队组合课程及攀岩、跳跃等心理训练活动。

在中国所进行的户外拓展训练项目主要是引进国外先进体验式教育方法，结合中国企业及个人现状，通过系列的室内、户外活动和游戏等课程，进行问题的分析与探讨，最后解决问题，达到激发个人潜能、建立相互信任、塑造高绩效团队的目的。

在国际上，户外拓展培训被广泛地运用在企业、团体的高绩效团队建设上。什么样的团队才是高绩效的团队呢？当然是那些有着明确的目标，团队成员清楚地了解所要达到的目标，以及目标所包含的重大现实意义；相关的技能，团队成员具备实现目标所需的基本技能，并能够良好合作；相互间信任，无论是谁都能够相信其他人；共同的目标和誓言，这是团队成员对完成任务的奉献精神；良好的沟通，所有的团队成员一定要交流信息；谈判的技能，高效的团队内部成员间角色是经常发生变化的，这要求团队成员具有充分的谈判技能；合适的领导，高效团队的领导往往担任的是教练或后盾的作用，他们对团队提供的是指导和支持，而不是命令和呵斥；内部与外部应该相互支持，不仅包括内部合理的基础结构，也包括外部给予必要的资源条件。

如今的社会是一个个性张扬的时代，人们需要合作才能达到目标。拓展训练可以使人们相互信任和鼓励，所取得的成果是大家共享的，而不是个人的成果。

卓越中层的管理法则 *8*：带兵，首先要学会练兵。帮助下属不断获得成长，是提升下属工作满意度的有效方法之一。

第五章
事得其人的用人法宝

中层经理与下属之间无疑是一种“管理”与“被管理”的关系。身为中层，无不希望下属尽心尽力、尽职尽责、对自己尽忠地努力工作。因为只有做到这一点，才能证明自己的管理是成功的，自己是一个成功的管理者。要做好这一点，一些用人之道一定要掌握。

第一节　懂得用人艺术

所谓用人不疑，自然不是指对任何人的能力、人品都不存疑虑，而是说：其一，既然把工作交付与人，就不应该再抱怀疑态度，而应给以完全的信任，放手让人去干；其二，由于主观的、客观的、各种各样的原因，导致下级工作失误，管理者可能会终止信赖行为，但对人的信赖不能终止，还应给予另外的全权责任。

IBM 公司的成长方针就是始终坚持“用人不疑”。人们相信，IBM 获得成功的首要因素就在于用人。

沃森是公司的创始人，他被誉为“企业管理天才”。在沃森的指导下，他开始按照自己的想法来行事，他曾经说：“几乎每一种宣传鼓动都是为了激发热情……当初我们强调人与人的关系并不是出于利他主义，而是出于一个简单的信念：相信只要我们尊重群众，并帮助他们自己尊重自己，公司就会赚大钱。”

曾经做过推销员的沃森十分清楚地知道，一个企业要想有出路必须要有市场，只有占有了市场，才能占据优势。而企业如何才能有好的市场呢？这需要那些能熟悉市场、驾驭市场的人。为了有自己精干的推销员队伍，沃森亲力亲为，亲自选人，亲自向他们传授各种推销技巧和推销艺术，让他们很快地熟悉了解产品的性能等知识，然后派往全国各地。通过长时期的培训，推销员有了很强的才能。

IBM 有一套独特的推销手法：有很多人一块儿走在大街上，由推销员开路，操作人员紧跟后面进行实际操作，这样就能取得好的效果。

这种方法可以让员工尽心尽力地工作。另外，为了稳定人心，沃森还大胆采用终身雇用制，不仅保证员工的工资收入，同时也能为员工提供各种福利。为了维持员工的工作热情，增强员工对公司的亲近感和信任感，他经常与员工进行交谈，倾听他们的心声。他告诉大家：只要觉得自己受到了不公正的待遇，都可以说出来，他为大家做主。只要有促进企业发展的机会，他都愿意去尝试。不怕失误，更不怕危险。正因为这样，他才做到了很多领导人没有做到的事情。

美国《幸福》杂志曾这样描写沃森："他的一半时间花在旅行上，一天工作16个小时，几乎每晚都在这个或那个雇员俱乐部中出席各种集会和庆祝仪式。他同员工们谈得津津有味，但不是作为一个心怀叵测的上司，而是作为一个相识已久的挚友。"

后任董事长约翰·奥培尔继承了沃森的用人之道，他说："公司是人办的，公司成功的秘诀是用人，幸运的是，IBM拥有一批努力工作，又能在工作中相互支持的人。"他常常记得沃森说过的一句话："你可以接收我的工厂，烧掉我的厂房，然而只要留下这些人，我就可以重新建起IBM。"

IBM公司的一位经理是这样认识用人问题的："你可以做错很多事情，也还会获得新的机会。但是，倘若你在人的管理上哪怕弄出一点点差错的话，那就全完了。"

当然，要做到用人不疑，中层经理应该能够抵制谗言，容忍下属的错误，以使下级在心理上、感情上、行动上与领导建立起荣辱与共的亲密关系。

第二节　合理化用人法

所谓岗位职责就是指一个岗位所要求的需要去完成的工作内容以及应当承担的责任范围。岗位并不是随意确立的，它是组织为完成某项任务而确立的，主要包括工种、职务、职称和等级内容。从一定程度上来说，职责是职务与责任的统一，包括两方面的内容：授权范围和相应的责任。

确定岗位和职责的依据有很多，如工作岗位名称及其数量是根据工作任务的需要确立的；岗位职务范围是根据岗位工种确定的；岗位使用的设备、工具、工作质量和效率是根据工种性质确定的；明确岗位环境和确定岗位任职资格；根据现实的需要来确定各个岗位之间的相互关系……

制定岗位职责的原则：在制定岗位职责的时候一定要让员工弄清楚自己的工作性质。员工产生的工作压力并不是他人造成的，而是需要让他们从内心产生工作的渴望和愿望，这样在他们工作的时候就会有很大的动力，从而更好地实现目标。所以，岗位的目标设定、准备实施、实施后的评定工作都必须由此岗位员工承担，让岗位员工意识到这个岗位中所发生的任何问题，并由自己着手解决掉，他的上司仅仅只是起辅助的作用，他的岗位工作是为他自己做的，而不是为他的上司或者老板做的，这个岗位是他个人展现能力和人生价值的舞台。在这个岗位上各阶段工作的执行，应该由岗位上的员工主动发挥创造力，靠他自己的自我努力和自我协调的能力去完成。在本职岗位中，员工应该培养、发挥自我解决、自我判断、独立解决问题的能力，这样才能实现工作绩效的最大化。所以，各岗位工作人员除了主动承担自己必须执行的本职工作外，还应该主动参与其他活动。

另外，在制定岗位职责的时候，一定要对岗位的工作内容考虑周全，这样就能发挥员工的其他作用。丰富的岗位职责的内容，不仅可以使一个具有“多面性”的员工发挥自己的才能，还能实现工作绩效的最大化，促进企业的不断发展。

最后，在企业人力资源许可的情况下，应该确保员工实现自己岗位职责范围内的任务，这样才能保证目标的顺利实现。另外，还应该进行工作岗位转换，这样不仅可以丰富企业员工整体的知识领域和操作技能，还能营造企业各岗位员工之间和谐融洽的企业文化氛围，使员工在更好的环境中工作。

第三节　复合化用人法

一、用好“子弟兵”和“空降兵”

在中国，很多企业都存在这样的问题：在高层管理位置上，企业倾向于自己内部人才的培养，在他们看来，公司“老人”总比“新人”靠谱，其实这种观点是非常片面的。如果从军事战略方面来说，可以用“子弟兵”和“空降兵”来比喻，但二者哪个更好呢?

当然，子弟兵和空降兵都有自己的优势，如子弟兵的优势是他们长期为企业服务，能够认同企业文化和价值观，熟悉并认同企业未来发展战略，对于公司的长期规划也是了如指掌，子弟兵能够尽力将其传承下去，并且通过自己的努力制定了完善的企业制度，对于保持企业的稳定发挥很大的作用。子弟兵虽然有上述优点，但因为他们是公司创业初期进入的，那时公司没有实力雇用专业的技术人员和管理人员，只能与亲人、同乡、同学一起创业，当然，他们的学历往往不高，所拥有的经验并不能掩盖他们各方面的缺点。如今的社会中充满了激烈的竞争，不管是他们的知识结构、管理能力、业务能力，与现实的情况都存在着很大的差别。从另一方面来说，由于长时间在狭小的环境中工作，其狭隘的思维和观念已经形成，并且不容易改变，最终导致能力不断退化，不利于公司的发展。

与之相反的是空降兵，他们的优势首先体现在他们能够为企业带来新鲜的视野和观念，他们可能有很多行业的从业经历，这样就能为企业新业务的拓展提供建议。其次是空降兵具有改革和创新的魄力，当企业陷入低潮期或者逆境的时候，子弟兵可能会被现有的企业制度和战略所约束，而空降兵则不容易被这些陈规所束缚，有着很大的魄力和勇气。相比之下，子弟兵的优点就是空降兵的缺点，如果他们没有弄清楚企业文化，则必然导致公司发展的困难。在对企业的忠诚度和责任感方面，相对于子弟兵来说，空降兵稍微差一点。

对于很多企业来说，如何处理好子弟兵和空降兵的关系，需要公司管理者的努力。当然，空降兵有学识、才能，但无法保证其对公司的归属感，此刻需要老板使用特别的智慧，使子弟兵和空降兵的优势都能发挥出来。对于子弟兵，要怀着感恩的心继续使用他们、善待他们，给他们应有的待遇，但是也必须让他们不断地学习，开阔眼界，跟上时代的步伐。当然空降兵是企业的生力军，企业需要他们的学识和能力，他们为企业发展注入了新鲜的活力。虽然在很多方面与企业传统的管理方式和思维方式有很大的差别，但能够弥补企业发展的不足。在他们的努力下，企业会进入一个新的发展阶段。

如果子弟兵和空降兵发生了矛盾，其管理者应当学会制度的创新、文化的协调，让双方彼此学习对方的优势。对于他们，公司应采取一视同仁的态度，千万不能有明显的差别，否则对企业发展没有任何好处，不仅不能吸引空降兵，也会降低子弟兵的工作积极性。

要想实现企业利益的最大化，子弟兵和空降兵应相互协同。如果企业中只有子弟兵，必然会导致落后生产方式下的落后观念，在经济和科学技术飞速发展的今天，是无法有很好的发展的。当然，空降兵的新鲜方式和观念在短时间内是无法让子弟兵接受的，二者也容易产生矛盾。在很多情况下，二者的矛盾可能非常激烈。在这个情况下，空降兵不会占优势：他们是外来户，根底浅；他们和老板毫无牵连，没有“后台”；他们身单力孤，没有“势力”，他们的资源都在老板手上，对自身团队的影响也甚微。所以，企业应该对空降兵提供更多的支持和帮助。如果得不到重视，他们不会对公司存有感念，而是想离开。如果这种情况真的发生，企业中只有子弟兵，对企业发展是非常不利的。因此，必须坚持“同舟共济”，应携起手来，齐心协力，共图大业。在这个问题上，子弟兵更应该姿态高一些，出以公心，以大局为重，切莫做《水浒传》中心胸狭隘的白衣秀士王伦，也不要学习处心积虑谋害大卫的扫罗王。企业中的空降兵虽然比子弟兵有学识、有能力，但不能高调做人，而应当高调做事，低调做人，不断努力，进而实现工作中的突破，为子弟兵做出榜样。当取得成果之后，不能把所有的功劳都归在自己身上，而是分一部分给与自己并肩战斗的子弟兵，只有这样，才能做到优势互补，实现企业的最大限度的发展。

总的来说，在企业发展过程中，管理者应该在薄弱环节中使用空降兵，其他的优势领域或者是中基层管理人员多用子弟兵。当然，这种情况还是存在争议的。跨国公司的CEO有相当一部分也是以内部培养为主，但是当公司进入存亡危机之秋，却常常需要空降CEO来拯救公司于危机之中。然而空降兵总经理也是有风险的，由于他们对中国市场没有很好的把握，最终无法承担后果。所以中国著名的企业家尹明善说："在接班问题上，我不把权力交给职业经理人是慢死，而把权力交给职业经理人是快死，在快死与慢死之间，我选择慢死。"可见急于把企业交给职业经理人也是有问题的。

二、性格互补用人

人无完人。由于人的性格不同，所以任何性格都会存在缺点。在组建团队的时候一定要避免使用同一性格的人的情况发生，应尽力使用各种性格的人，做到成员性格互补。这样做的好处是避免团队出现某种缺陷，进而提高团队的工作效率。从这个方面来说，作为中层经理应该善用不同性格的人才。

1. 善用雄悍之人

雄悍的人有勇气，但是脾气暴躁。在他们看来，市场是用拳头打出来的。他们为人讲义气，当朋友遇到困难的时候敢于为朋友两肋插刀，属性情中人。他们的优点是为人单纯，没有多少回肠弯曲的心机，敢说敢做敢当，有临危不惧的勇气，对自己衷心折服的人言听计从，忠心耿耿，赤胆忠诚，绝不出卖朋友。但他们身上也有很多缺点，如对人不对事，服人不服法，完全按照自己的内心行事。如果别人曾经帮助过自己，他们就会永记恩情，当别人遇到问题的时候，他们不会弄清缘由，而是盲目帮助，容易惹麻烦。

如今的社会强调人的文明性，可见人的性情需要做出一定的改变，不断增加理智成分，最终演变成敢拼敢闯的开拓型人才。又由于义气成分的减少，个人意识的增强，加上社会提供给个人创业条件的丰富，现在忠心耿耿、死心塌地的人正在减少，为朋友两肋插刀的表现也有许多在发生变化。

2. 善用强毅之人

这种人的特点是：性情硬朗，意志坚定，刚决果断，勇猛顽强，敢于冒险。他们善于在困难中顽强拼搏，在面对困难和阻力的时候，能够充分发挥自己的力量和智慧，最终解决问题。但缺点是易于冒进，对自己的能力感到骄傲，有着很强的权力欲望，凡事希望去争，去抢。他们有独当一面的才能，也能灵活机动地完成使命，是难得的将才。但要注意把握他们的思想和情绪变化，这可能是他们有所变化的信号。

3. 善用宏阔之人

这种人善于交朋友，对他人非常热情，出手大方，处世圆滑周到，容易得到他人的信任。在与人交往的时候会揣摩别人的心思，尽量投其所好，与各种人都能很好地相处。适合的工作是做业务和公关，这种性格可以帮助他们打通各方面的关节。但因所交之人鱼龙混杂，又有点讲义气，往往原则性不强，受朋友牵连而身不由己地做错事，很难站在公正的立场上论事情的是非曲直，不适宜矫正社会风气。

4. 善用好动之人

这种人开朗外向，做人做事光明磊落，有着远大的志向，富有开创精神，无论做什么事情都希望能做领头羊，不愿意落在别人后面。在这个过程中，他们能找到灵感和勇气，有着强烈的成功欲望，希望自己是别人的榜样。缺点是好大喜功，急于求成，轻率冒进，如果在勇敢磊落的基础上能深思熟虑、冷静应对，则能取得重大成就。又因为妒忌心强，如果不注重自身修养，会因为嫉妒而犯错误。如果将嫉妒心深藏不露，得不到宣泄，可能偏失到畸形的程度。

5. 善用柔顺之人

这种人性情温和，非常善良，做人诚实稳重。在与人相处的时候，能够宽厚待人，也不会非常计较。但这种人也存在缺点，那就是如果过于柔顺，必然会逆来顺受，没有自己的处事原则，也没有主见。最终因为优柔寡断和犹豫不决而造成机会流失。

这种人独特的特性使得他们在很多时候无法坚持己见，无论上司说什么，都可能造成无条件顺从。如果果断一些，正确的能极力坚持或争取，大事上把握住方向和原则，以仁为主又不失策略机变，则能团结天下人才共成大事。这就是曾国藩所说的“谦卑含容是贵相”。否则，只是幕僚参谋的人选。

6. 善用固执之人

固执之人有很明显的特色，那就是敢说敢做，同时也有智慧，无论做什么事情，都不希望别人在背后指指点点，如果自己做错了什么事情，别人指出来了，说得对，他会无条件赞同，而如果说得不对，必然会惹怒他。在生活方面，这种人不会追求时尚，更不会赶时髦，只要自己认为正确的东西，他一直会坚持到底。

这种人是绝对的内当家，是敢于死谏的忠直大臣。

7. 善用沉静之人

这种人性格文静，做什么都是不作声响，看似默默无闻，但是却做事认真和执着，容易成为某个领域的专家。缺点是过于沉静而显得行动不够敏捷，凡事三思而后行，抓不住生活中擦肩而过的机会。兴趣不够广泛，除兴趣所在之外，不大关心周边的事物。虽然在平时不喜欢说话，但是却有远大的理想，能够深入地分析事物，但由于不喜欢表达，所以容易被人忽略。如果你愿意倾听他们，必然会学到很多东西。

8. 善用辩驳之人

这种人勤于独立思考，由于他们知识渊博，比较灵活，所以适合做策划工作。但他们博而不精，没有专一性，所以不可能在某个方面做出一些惊人的成绩。他们不希望循规蹈矩，喜欢标新立异，而且有很好的口才。所以适合演讲，让一般人大开眼界。如能再深钻一些，有望成为百科全书式的人物。为人一般比较豁达，因此也能得到上下级的尊敬。

三、能力互补用人

在一个公司里，每个成员的知识、气质、性格、能力等是有差异的，各有其专长。中层领导应尽最大努力发现员工的优点和长处，把合适的人放在合适的位置上，也就是我们常说的人尽其才，让他的长处在某一领域得到发挥，避免他的短处。如果发现某人此处不能发挥作用，就要考虑是否另有发挥其作用处，绝不能简单地将其视为“无用之人”。

春秋时期的管仲曾经说："明主之官物也，任其所长，不任其所短。故事无不成，而功无不立。"这句话的意思是明智清醒的用人者懂得用人之长，这样可以保证成功。

第二次世界大战之后，为重建松下集团的胜利唱片公司，日本的松下幸之助从许多的人选中挑选了原海军上将野村古三郎，打算让他担任胜利唱片公司的经理。当时野村对音乐、唱片没有什么概念，同时对生意也是一窍不通，但他还是有点名气的，因为他曾作为日本和美国谈判的特命全权大使。对于野村的出任，松下集团里各方面看法不一，对他能胜任此职持怀疑态度的占大多数，连野村也认为自己完全不懂业务，把握不大，如果硬要他干，除非给他派几个懂业务的人做助手才行。

当时松下幸之助作为最高决策人可谓是胸中有数，在他看来，野村不但豁达大度、人格高尚，而且还擅长用人和经营。他针对野村的长处和短处，采取扬长抑短的用人策略，给野村配备了优秀的业务人才，让他们把一切业务工作承担下来，使野村居于他们之上，摆脱具体业务的缠绕，发挥他组织、调度、控制和督促大家的作用。正如松下所料，在野村的经营下，胜利唱片公司的经济效益得到了很大的提高，公司业务蒸蒸日上。虽然大多数领导人不能像松下幸之助那样，但是他们应该意识到用其长而避其短是非常重要的。只有这样，才能使员工的才能突出出来；若用了人的短处，就会使长处受到抑制，结果其才能就发挥不出来。

在用人方面应该记住扬长避短的重要性，因为在用人过程中，扬长和避短是统一的，而扬长占主导地位。因为人的长处决定着一个人的价值，能够支配构成人的价值的其他因素。扬长不仅可以避短、抑短、补短，而且更重要的是，通过扬长能够强化人的才干和能力，使人的才干和能力朝着用人目的所需要的方向不断地成长和发展。要很好地做到这一点，可以从以下几方面着手：

1. 按特长领域区别任用

由于受主客观的限制，人们只能了解其他人的某个方面，所以他们也只是知识和技能方面的特长具有明显的领域性特征。所以，在用人的时候一定要先弄清楚对方的长处和短处分别是什么，他们适合在哪个领域工作，让其在适合自己的领域工作。

在朱元璋打天下的时候，首先从浙东得到“四贤”——刘基、宋濂、叶琛和章溢，由于他们有不同的特点，所以在不同的领域使用他们。由于刘基善谋，于是把他留在身边，参与军国大事；而宋濂善于写文章，于是让他搞文化；而叶琛和章溢有政治才干，就让他俩去治民抚镇。正因为他懂得用人，才达到了自己的目标。

2. **按特长的变化而用**

虽然人的特长只有在专业的领域中才能发挥作用，但这种情况并不是一成不变的。人的特长还具有转移性，从某个领域转向另一个领域，产生的结果可能是新领域与原来的领域发展的还好。能够转移特长的人，往往是一个优秀的人。他们之所以发生特长转移是因为创造性思维活跃，敢于冲破习惯的束缚，善于进行创新活动，具有一般人所不及的开拓精神和创造能力。

如果发现人的特长转变了，用人者也应该做出转变，并且为其新特长的发展提供环境和条件。

3. **把握最佳状态，用得其时**

随着年龄的增长，人的精力和特长都在发生变化。这种特长的增长或衰退就是特长的衰变性。它的变化轨迹呈曲线，一般是开始向上增长，当增长到峰值期的时候，特长不再增长，保持一个阶段之后，就向下衰退。

在了解了人的特长的衰变性之后，要适时用他，尤其是要在人的特长上升增长阶段和峰值期予以重用，这样才能使他们的成长达到最大限度的发挥，千万不能等其进入衰退期了再用。否则，就没有多少价值了。

4. **善于开发、挖掘和培养人的特长**

人的特长是很难长期保持的，除非坚持锻炼。一般来说，人的特长具有用进废退的性质，如果一直用它，必然使其越来越好，相反，不仅无法得到好的发展，还可能萎缩退化。

所以，作为用人者应该懂得人的特长用进废退的道理，并且在用人的过程中发现和挖掘人的特长，为其特长提供发展的平台。通过培养和开发人的特长来为自己服务，否则就是浪费人才，对拥有特长的人也是非常不利的。

认识了人的特长相对性之后，在挑选作用对象时中层领导就要坚持择优原则，做到以特长取人，谁的特长突出，谁的才干最好，谁的能力最强，就任用谁。

四、用人要不拘一格

作为美国 IBM 公司的总裁，“用人才不用奴才”是小沃森用人的特点。

有一天，一位中年人闯进小沃森的办公室，大声说：“我的未来在哪里？销售总经理的差事丢了，现在做事还有什么意思？”

这个人是 IBM 公司“未来需求部”的负责人伯肯斯托克，他是前 IBM 公司二把手柯克的好友。因为之前柯克与小沃森是对头，所以在伯肯斯托克看来，柯克死后，小沃森会收拾他。所以，他打算找理由辞职。

沃森父子以脾气暴躁而闻名，但面对故意找碴儿的伯肯斯托克，小沃森并没有发火，他了解他的心理。小沃森觉得，伯肯斯托克是个难得的人才，甚至比刚去世的柯克还精明。虽说此人是已故对手的下属，性格又桀骜不驯，但为了公司的前途，小沃森决定尽力挽留他。

小沃森对伯肯斯托克说：“如果你真行，那么，不仅在柯克手下，在我和我父亲手下都能成功。如果你认为我不公平，那你就走，否则，你应该留下，因为这里有许多的机遇。”

大量事实证明留下伯肯斯托克是非常正确的做法，因为在促使 IBM 做计算机生意方面，贡献最大的是伯肯斯托克。在最初小沃森决定做计算机生意的时候，很多人都是持反对态度，但是伯肯斯托克却全力支持他。在两人的共同努力下，公司走向了更辉煌的成功之路。

后来，小沃森在他的回忆录中，说了这样一句话：“在柯克死后挽留伯肯斯托克，是我有史以来所采取的最出色的行动之一。”

小沃森不仅挽留了伯肯斯托克，而且提拔了一批他并不喜欢，但却有真才实学的人。他在回忆录中写道：“我总是毫不犹豫地提拔我不喜欢的人。那种讨人喜欢的助手，喜欢与你一道外出钓鱼的好友，则是管理中的陷阱。相反，我总是寻找精明能干、爱挑毛病、语言尖刻、几乎令人生厌的人，他们能对你推心置腹。如果你能把这些人安排在你周围工作，耐心听取他们的意见，那么，你能取得的成就将是无限的。”

企业管理者如果能真正做到用人不避亲，不避仇，定能让上司和下属心服口服，在钦佩你的个人胸怀的同时，也会尽力帮助你，助你成功。

台湾首富王永庆就是如此。

他的胞弟王永在是台塑集团总经理，是仅次于王永庆的第二号人物。王永庆的长子王文详任台塑集团牵亚塑胶第四事业部经理，王永在的长子王文渊任牵亚第三事业部的经理兼台塑美国JM塑胶管公司的总经理。王永庆任用兄弟子侄不是因为他们是亲戚，而是因为他们有能力。

王永在与王永庆胼手抵足共同创业一向被台湾企业视为最佳搭配的“兄弟档”。台塑企业的严密而具有效率的管理模式，在台湾企业界常被引为研讨的教材，但是很少有人知道建立台塑总管理处的原始构想，其实是源自王永在。比起王永庆的“固执”性格，王永在处理事情的“圆融”技巧，正好可弥补王永庆的不足，也因此外界认为：两兄弟各有所长，“一个主外，一个主内”，无疑是最佳的搭配。

王文详所在的第四事业部年营业额高达70多亿元台币，一般公司几十家合起来营业额也没有这么大。可见王文详的地位多么重要，但他得到这个位置不是靠其父的恩赐。

王永庆深知“富不过三代”这一古训的深刻含义，因而对子女要求极严，他要求儿子凡事要靠自己，对零花钱限制得非常严格，以致子女们只有自己想办法赚些零用钱，而子女每花一个铜板都要记账向王永庆汇报。

有朋友对王永庆说：“你的儿子已经毕业了，可以帮你的忙了。”但王永庆认为：“有些企业家只看见表面上公司赚到钱，而忽视每个员工贡献他们累积的宝贵经验。不顾多数员工每天的勤劳，起用刚由学校毕业的少爷当经理或总经理，这是我们常有所闻的。父子天性之爱是一回事，企业的经营是追求工作合理化，追求高效率，每个角落都要有适当的人选，即是适才适所。若是刚毕业，没有基层工作经验，就让他担当重任，不知他要如何指导监督他人，根据什么选人用人？下属凭何信服而乐于贡献？这种实际情形，充分表示这个企业家还在懵懂阶段，在摸索阶段，还不懂得管理。提拔儿子，抹杀人才，公司前途完蛋，最后宝贝儿子也会被耽误了。”

因而对子侄的前途他不是刻意去安排，而是要他们在实践中锻炼，看他们能磨炼到什么程度，是否有能力担当重任。

王文详留学英国获物理硕士、企管硕士、化工博士学位。毕业后在美国路易斯安那州一家化学公司工作了 3 年，负责化工部门的投资分析等工作。在这里，他吸收了许多宝贵的务实经验。1978 年他协助王永庆在美国建厂。1980 年 5 月回台湾，在南亚塑胶材口厂，从基层干起，担任该厂生产二科的科长。8 个月后，升任主管组长，掌管三个科。半年后，升为材口厂厂长。1982 年，他从南亚塑胶的生产单位调到营业单位，任第四营业部的副经理，负责发泡胶布等产品的销售。当时发泡胶布是新产品，销路不好，只有一条生产线，而且有亏损。王文详接手之后，以 10 个月的时间跑遍全省的经销商，大力宣传该产品的优点，结果销路大增，生产线增至三条，而且转亏为盈。由于他优异的表现，很自然地由副经理升任经理。

由此不难看出，企业家使用亲属掌管企业并非不可，关键是他们是否胜任所担任的工作。

卓越中层的管理法则 *9*：选对下属放错岗位，罪大恶极；选错下属放对岗位，将功补过。人尽其才，才尽其用，才能使下属对企业的贡献最大化。

第六章
中层经理的高效授权

授权就是在分配工作的时候，授予下属相应的权力，准许下属在一定范围内调度人力、物力和财力。与此同时，在工作中，上司也允许下属自行做出决定，这样可以更容易完成任务。也就是说中层经理不必事事亲力亲为，可以适当让下属做出一些决定，给下属授权。可见，授权是一种能力，更是一种管理艺术。

第一节　不重视授权，就不懂得管理

一、授权是企业管理成功的基础

在企业管理中，授权发挥着十分重要的作用，首先，授权可以让管理者从本不属于自己的繁杂的、事务性的工作中解脱出来，然后专心致力于研究企业发展战略、领导决策、沟通协调和检查督导企业重大的、方向性的工作；其次，企业高层通过授权来激励、培养下属，使之成为能独当一面的人才；再次，通过授权可以提高组织的创新能力。世界上没有两片相同的树叶，人的知识、经验、思维模式、行为模式也是如此，授权不仅可以激发下属的创造性，而且还能带来创新。除此之外，授权还能促进信息的交流、组织结构的更新、权限体系的变更更是在制度上保障了持续创新；最后，授权可以提高组织的凝聚力。每次授权之所以能取得成功是因为所确立的目标非常明确。在明确目标的指引下，各部门通力合作带来的必将是组织凝聚力的提升。就一个发展中的企业来说，企业的成功需要导入科学合理的授权体系。著名的香格里拉大酒店之所以能够在管理上更上一层楼是因为通过一系列的授权活动，提高了企业服务水平和运营效率。

在豪华的北京香格里拉大酒店餐厅里，有一位顾客对他点的牛排非常不满意，所以叫来服务生。在礼貌地听完他的抱怨后，服务生平和而迅速地拿走牛排，吩咐厨房另烤一块更好的送来。

这似乎是一件很平常的事件，但它却反映了该酒店在亚洲进行的一次最广泛、最深入的组织变革项目。这次变革的目标是将这个已经是亚洲管理最好的公司之一，变为一个得到该区域顾客认可的、更好的公司。这家连锁酒店将提供更好的服务、更丰富全面的体验，并且更注重细节。

当然，这个变革取得了令人满意的结果。这个亚洲连锁酒店赢得了来自旅游杂志和旅游机构的更多奖项。这是对其变革的肯定，同时也是对它管理能力的赞许，在这个过程中，它的员工学到了很多技巧，同时也保证了酒店的运营和发展。

在现在社会中，酒店拼的就是服务。香格里拉酒店的管理人员曾经这样说："我们希望员工在与顾客打交道时，就作出决定，这可能是很简单的事情。当顾客抱怨时，服务人员应自动解决问题，而不是说，'我要去问我的主管。'这是我们承诺实现的一个简单观念。"这种观念看起来简单，但香格里拉很快意识到它实施的难度。公司在变革中触动了各种文化因素。所以最后只得承认："是的，这种观念的实施非常困难，尤其在亚洲文化中。如果你将它在中国文化中推行，那就更难了。"一般来说，把传统的文化完全放下是一件非常困难的事情，员工常做的事情是在遇到问题的时候迅速服从主管、向上报告。他们克制自己不作决策，这涉及尊重问题而非愿不愿意的问题。因此，香格里拉决定，在变革前期要做的一件事情是，逐步消除文化在这些以及其他方面的影响。

所以，香格里拉决定从管理人员的这个观点着手是非常正确的。这种做法并不是否认文化之间的差别，而是强调经理创造一个特定的环境，使员工不再害怕作决定。"这就要求培训经理人，使他们想那样做，而不再是以文化问题为挡箭牌。文化问题是一个认知问题，而不是一个障碍。"由于调查详尽，香格里拉开始意识到，这个主要的管理问题到处都一样，问题出在害怕的心理上，即害怕负责、害怕失败、害怕被老板责骂。员工有时感到经理不允许他们做一些事。经理必须学会放权，让员工作决定。

"因此我们的策略是，首先通过反复灌输作决策的重要性，并培训我们的经理不要因员工犯错误而惩罚他们，以逐步消除害怕心理"，"其中又以经理对犯错误的反应为重点"。这是公司对经理成功的评价标准发生了改变。高级经理如今关注一些他们以前从未注意到的事情，他们现在大力强调人员管理技巧。所有经理都可以看到他们在调整调查中所得的分数，这极大地提高了员工工作的积极性。

公司的关键结果领域就是把经理分离出来，而这也是培训的关键因素。在很多方面，公司都会进行培训，如顾客的价值、顾客忠诚的重要性以及顾客终身价值……这些工作都会使人们意识到要想使顾客再来，微笑不是唯一的方法，还包括其他很多方面的问题。

其实，为了放权力给员工，公司已经建立了一些机制。它参照了财务机构的做法，把授予的职权限定为一定的金额。例如，一个员工最多可以定量金额。现在，很多公司正在寻找办法来把这个机制应用到非管理层。在与顾客打交道的时候，如果这个员工不是一个管理人员，则就会有一个规定的金额。不管用什么方式，只要让顾客满意，就可以随意支配这些金钱。“以前，我们对此非常模糊，我们只是有理性认识。但在实践中，最好是不要概念化，越具体越好。这样人们才会知道他们的权限是什么。所以我们明确地规定了具体的授权。”

另外，香格里拉利用调整评估调查来提高业绩。在一段时间内，集团公司就会进行一次系统性评估，通过各方面来确定员工应享受的工资和待遇。总而言之，该调查测评 10 项内容。问题完全是根据要求定做的，它不说：“我们将在所有关系中表现诚实和关心。”而是问：“你的主管遵守指导原则吗？你们每天谈论它吗？你知道它是什么意思吗？你理解公司的前景吗？我们公司究竟是怎样看待我们的？”每一个员工，从行政总裁到最底层的员工，都要接受这项调查。

权力下放问题是该调查关注的一件重要事情。权力下放不仅使得公司的组织结构扁平化，而且使公司能在最短的时间内做出正确的决定。

二、通过授权指导和培养下属

1. 有效授权可以培育员工、培养接班人

诸葛亮用自己的品德、智慧、才能和精神，来帮助刘备匡复汉室，最终成就蜀国霸业，治理“天府之国”，他的功绩得到了世人的敬佩和赞赏。然而，他一贯亲力亲为、没有培养出治理蜀国的优秀接班人队伍，从而导致出现了“蜀中无大将，廖化当先锋”的无奈局面，这样不仅使他自己落得个“出师未捷身先死，长使英雄泪满襟”的悲惨结局，还导致了蜀国是三国中最早灭亡的王朝。

其实培养下属最有成效的办法，是要让他们在实践中获得足够的历练和

能力的提升。

孟子说："舜发于畎亩之中，傅说举于版筑之间，胶鬲举于鱼盐之中，管夷吾举于士，孙叔敖举于海，百里奚举于市。故天将降大任于斯人也，必先苦其心志，劳其筋骨，饿其体肤，空乏其身，行拂乱其所为，所以动心忍性，曾益其所不能。"一位卓越的未来领导者必须经历市场风雨的洗礼、锻炼甚至磨难，这是承担百年基业大任不可或缺的成长过程。

其实，现在的教育和培训只能使学习者掌握技能，而无法代替工作给人们带来的真正经验。

杰克·韦尔奇说："花十年的工夫培养一个合格经理的时间不算长。"所以，培养接班人并不是一朝一夕就能完成的，他需要"十年磨一剑"的耐心，在这个过程中，要做好规划，以便更好地实现目标。

在1993年，作为红豆集团创始人，周耀庭把初具规模的红豆集团分成八块，由8位企业元老各自执掌一块，而且大家持有大致相同比例的股票。而周耀庭的接班人原则是：10年干下来，看谁发展得好，就由这个人接班。在这些元老中，只有3名是周氏家族的人。

之后，周耀庭对这些接班人都进行了有目的的实战培养和开发。10年之后，周海江不负众望，从8位竞争者中脱颖而出，他主管的企业发展成了一家上市公司。成绩有目共睹，周海江顺理成章地接任红豆集团掌门人。

周耀庭培养接班人的方式就是授权管理。然而在授权管理的过程中，很多人都存在误会，他们担心如果下属比自己强，必然会威胁到自己的地位。其实这是非常片面的想法。作为管理者，不仅要有统率全军的能力，还要有鼓励团队超越的胸怀；不仅要脚踏实地地拼搏，还要具备激励和提携下属的韬略。其实，从很大程度上来说，正是由于管理者领导有方，下属才取得了很大的成就。下属的成功就是自己的成功，而他人的进步也是自己的功劳。

2. 有效授权可以使员工得到激励，工作充满激情与创造性

唐拉德·希尔顿（1887—1979年）是曾控制美国经济的十大财团之一、

举世闻名的旅店大王即现在著名的希尔顿大酒店的创始人。

在希尔顿七八岁的一天早晨，太阳刚刚露面，父亲就出现在房门口，把大约有儿子身高两倍的草耙交给儿子，并用愉快的声调说：“你可以到畜栏里工作了。”

希尔顿开始上学以后，做过助理店员，是学徒，并按月领薪。

在希尔顿17岁的时候，他告诉父亲自己不想读书了，想跟着父亲工作。父亲同意了，而且说：“行，在我看来，你应该能成为一名好的正式员工，月薪25美元，干吧！”所以，他开始跟着父亲做生意，同时也学着做人。在这个过程中，他被父亲的忠诚、坦率和对人们善意的爱所感染，而且自己逐渐走向成熟。在希尔顿21岁那年，父亲把圣·安东尼奥店的经理之职交给了他，同时转让了部分股权给他。在之后的两年间，他学着处理各种各样的业务，他懂得了如何信守承诺，如何讨价还价，如何与有经验的老顾客做生意，如何在一些紧张的场所中保持心平气和。正是这些经验和经历才成就了他日后的成功。

然而，在这段时期中有一件事令希尔顿非常生气，那就是父亲经常干预他的事情。一方面是因为当时他非常年轻，父亲还是不信任他，另一方面也许是因为事业尚未稳固，经不起因儿子可能的失误而带来的重大打击。或许由于他经历了一段无职无权、受父亲制约的日子，所以在父亲任命他之后，在选拔人才的时候，他非常谨慎，一旦认定了，必然会授予其所有的权力，他的任务就是看自己的决定是对是错。

在希尔顿的旅馆王国之中，很多高职人员都是他亲自从基层中选拔上来的。因为他们的经验非常丰富，所以在经营和管理方面表现也是非常出色的。对于提拔上来的人，希尔顿都十分信任，而且授权让他们充分发挥聪明才智，大胆负责地工作。如果他们之中有人犯了错误，他常常单独把他们叫到办公室，先鼓励安慰一番，告诉他们：“当年我在工作中犯过更大的错误，你这点小错误算不得什么，凡是干工作的人，都难免会出错的。”然后，他帮助这些人分析一下犯错误的原因，找到解决问题的办法。他为什么能对犯错误的下属采取宽容的态度呢？因为在他看

> 来，只要高层管理者的决策做对了，即使下属犯错误也不会产生太大的影响，没有必要对下属进行一味地责备，如果不断鼓励他们，会提高他们工作的积极性，为企业发展更加尽心尽力。
>
> 让手下的全部管理人员都对他信赖、忠诚，对工作兢兢业业，认真负责是希尔顿的处世原则。

在授权的时候，正是由于希尔顿对下属采取信任、尊重和宽容的态度，才使得公司上下充满和谐的气氛，在这种环境中工作，员工更加积极努力，促进了企业更好的发展。而希尔顿也在授权中不断地辅导他的员工，以增进他们的才能，与此同时，他自身也得到了提升。

第二节　有效授权需要掌握的技巧

一、放飞风筝，牵好手中线

用俗话来说，授权就是在工作中“放风筝”。从大的方面来说，授权的成功与否决定企业的兴衰成败；从小的方面来说，它会影响工作的顺利开展。所以，授权是非常重要的，同时也是必要的。然而，如何做才能真正做到有效授权、从而有效地放飞“权力”这个风筝呢？

放过风筝的人都应该知道：要想使风筝飞得高必须要舍得放，只有这样，才可能飞得高、飞得远。同时，授权好比诸葛亮，如果他什么事情都亲力亲为，不舍得下放权力，必然使自己感到非常累，同时也无法使员工的能动性得到最大化的发挥。所以，懂得下放权力对于中层经理来说是非常重要的。

在一定的范围内，如果风筝放得高，飞得也高自然是非常好的，同时，权力是下放得越大越能起到大的作用，只要保持在自己可以控制的范围之内，就大胆去放。这样，既可以让下属有足够的权力可用，便于开展工作，又可以最大限度地减轻自己的工作量，让自己抽出时间做更有价值的事情。例如企业的生产经理，在企业生产过程中，不仅让助手帮助自己去处理日常生活中的琐事，还要让他帮助自己处理事业中出现的各种问题，只有这样，才能在锻炼助手能力的基础上，使自己有更多的时间做出正确的决策。

授权固然有利，但是授权并不等于放权。

其实，授权就意味着激励下属承担更多的责任，拥有更多自行决策的权力。在授权的时候首先应该考虑的就是有合适的对象，也就是那些成熟稳重的下属。他不仅有承担重任的意愿，同时还要有这个能力，因此授权的第一步是授能，它是培养激励员工的过程。懂得怎样用有效的态度和方式去激励别人，在经理生涯中起着双重作用，你激励别人，别人也在激励你，是互动的成长。从托马斯·爱迪生和他的母亲那里，我们可以认识到这一点，如果你信任孩子，他会做得非常出色。同时，这种道理也适用于员工。如果员工得到了上司的完全信任和赏识，他必然会想尽办法来为公司谋福利，而且也会有很出色的表现；如果得不到上司的信任，他也不会全心全意的工作。所以，在确定目标之后，管理者应该为员工提供更多的指导，如果可能的话与他们一块儿工作，一起完成任务。这样不仅锻炼了下属，而且还提高了工作效率。

在授权的过程中，一定要注意跟进，千万不能认为有风筝线控制着就行了，因为情况是随时变化的，如果不注意，风筝线就可能断脱，如不注意及时跟进，出现问题之后可能就无法挽回。因此，下放权力之后一定要记住跟进是非常重要的。

所以，领导在授予权力后，必须对接受授权下属进行监督和控制。如果权力没有了制约，必然会带来很多意想不到的结果。情况严重的话还会带来很多麻烦，最可能出现的问题是下属会滥用他获得的权限。因此，在进行任务分派时就应当明确控制机制。首先要对任务完成的具体情况达成一致，而后确定进度日期，在这些时间里，下属要不断汇报工作的进展情况以及遇到的困难。控制机制还可以通过定期抽查得以补充，以确保下属没有滥用权力。但是要注意物极必反，如果控制过度，则等于剥夺了下属的权力，授权所带来的许多激励效果就会丧失。

在金鹿集团里，“用权不单干，主意不独断，放手不旁观”的“15 字方针”一直被奉行。金鹿集团的领导人认为，在授权的时候应该选合适的人，然后给他一个计划，充分授权，接着就是过程监控。把事情交给下属后，在这个过程中要给他一些支持，不断跟踪，就如同踢球，不能说只要他把球踢出去后就不管它往哪边走了，你要教他怎么踢会更准一点、会更快一点，这才是一种有效的授权，所以说要进行支持，要进行过程的监控。

泉州市某电器公司的一个经理也认为，在授权的同时也要增强过程监控，只有让企业领导掌握企业的具体情况，才能控制它。授权是必不可少的，但是放权后要监督控制，有效地放权，合理地监督是企业授权成功的保障。

二、授权中的授者不疑，疑者不授原则

管理者之所以授予某人权力，是因为管理者信任他，授权是信任的结果，而一旦授权，就要信任员工，所以，信任又是授权的开始，授权最主要的是信任，“用人不疑，疑人不用”。没有信任，就不能授权；缺乏信任，就会授权失败。

作为一名合格的管理者，信任和激励下属并不是一件难事，但是有相当多失败的管理者却对授权不知所措，甚至怀疑员工的工作能力。

由于很多管理者对员工的能力不信任，害怕员工没有完全自由运用权力和制定正确决策的能力，所以自己亲自解决是最好的。的确，一些公司现有的员工队伍，由于绝大部分人员是从先前的其他岗位转变而来，确实存在一些人能力偏低的现象，但是，每个人的能力都是在工作实践中锻炼出来的，没有哪个人的能力是与生俱来的，包括管理者本人。

还有一些管理者害怕在授权员工之后容易出错。当然，这种担心是正常的，也是必要的，因为很多员工并没有使用权力的能力。但是管理者应该有一定的胸襟，允许员工出错。在授权之后，不能对员工的做法斤斤计较。例如在你学车的时候，教练要给你充分授权，否则你就学不会开车。实际上，教练担心你开不好车，怕你出车祸，但同时，教练又不得不授权给你做，要不然你永远都开不了车。那么，教练如何教你才是正确的呢？在你转弯的时候，如果教练发现你打错方向盘了，只要不可能发生车祸，一般是在你完成了转弯之后再告诉你错了。这就是教练给你犯错的机会了。如果你一犯错误，

教练就骂你，这必然导致你的心情非常低落，不但起不到好的效果，还可能让你丧失学车的信心和勇气。所以，管理者在进行授权时，首先应当建立这样一种信念：错误是授权的一部分。也就是说，要让员工100%地按照管理者的意图来完成工作是不可能的，员工在完成任务的过程中出现一些错误是正常的。

管理者授权给员工必须对其信任，信任是成功授权的关键，也是成功的管理者一个不可或缺的重要内容。

有关资料显示，世界500强企业中有99%的企业非常重视员工的忠诚度，特别是他们的管理者授权给他们时，着重强调每一位管理者必须信任他们的员工。

如果你是一名优秀的管理者，在授权给下属之后一定要对他们百分百信任。因为这直接关系着授权的成功与否。

信任是授权给员工的前提，同时也是授权的根基。只有充分信任，才能合理授权，否则授权会失去意义。所以在授权的具体过程中，要针对不同的人授予不同的权力：

1. 自我中心型

这种类型的人往往认为自己是天生的管理者，无论做什么事情都喜欢管理指挥别人，而且愿意承担责任。在他们做事情的时候会注重效率，如果可能的话，他们会提前完成工作。他们所关心的就是自己的绩效，最喜欢的是挑战和竞争。

如果作为管理者，你想要授权自我中心者，那必须支持他们的目标并奖励他们的工作效率。但这种人的最大缺点是不善于处理人际关系。他们希望自己一直是管理者，如果别人没有按照自己的意见进行，必然会不断抱怨。

2. 交际明星型

这种人善于处理人际关系。从表面上看来，他们随和友善，不咄咄逼人。然而这种人也是有缺点的，那就是不善于做决定，做事优柔寡断，善于研究人际关系，但对绩效不感兴趣。他们往往因为别人的关注而努力工作。在事业和人际关系二者中，他们更倾向于人际关系。对于周围的人对自己的看法，他们非常在意。

要授权这种人，必须接纳他们的喜怒哀乐、关心他们的私生活，并且耐心聆听。

这种人最大的恐惧是怕被人拒绝，他们常以人际关系的好坏来评定自己的价值。

3. 探索型

这种人喜欢探索，喜欢研究事情发生的原因。同时，这种好奇心也会使他们暂时放下手头的工作。由于过于注重细节，导致他们“毛病”特别多。

4. 吹毛求疵型

要授权这种人，首先必须肯定他们的想法、分析能力及追根溯源的本领。不过，你同时也须提醒他们要及时完成工作，因为他们也多半是完美主义者。

5. 士兵型

这种类型的人忠心、可靠、喜欢保持一成不变。对于不断重复不加改变的工作，他们乐此不疲。在做事情的时候，即使是同一件事情，虽然做的次数比较多，他们也非常喜欢，因为这使他们感觉很踏实。他们喜欢安静的工作环境，也不喜欢管别人的事情，宁愿被监视，更不愿意去指挥别人。

要授权这种人，只要支持他们的计划，给他们相对明确的指令，并及时地夸奖他们的成绩就行。

三、掌握授权的技巧性原则

无论是对主管、员工还是公司而言，有效授权都起着很重要的作用。在主管方面，授权可以让他们有更多的时间进行思考；在员工方面，授权可以让他们有学习的机会和成长的平台，进而促进事业的发展。在公司方面，授权可以增进整体团队的工作绩效及士气。所以授权是管理必备的技能之一。

不同的授权方法会产生不同的效果，管理者应对主要的授权方法清楚、明了。授权按照不同的标准，有不同的划分方法，按照授权受制约的程度。授权的方法有：

1. 充分授权

所谓充分授权就是指中层经理在向其下属分派职责的时候，并不明确赋予下属具体的权力，而是让下属在中层经理权力许可的范围之内，充分发挥其自身的能动性和创造力，最终拟定履行职责的行动方案。充分授权可以使下属在履行职责的工作中实现自身价值，并且获得最大限度的满足，这是充分授权的最大优点，对员工来说是非常有益的。但假如下属能力不足，授权越充分，意味着上级的风险也越大（见表1）。

表1　　充分授权

方式	方法	要求
追踪式	全部授权给下属，下属完全可自主决定，有“先斩后奏”之权，只汇报关键环节和过程	你可以去做，但事后让我知道你是如何去做的
委托式	授予下属开展工作所需的全部权力，让下属充分发挥主动性和创造性，按照自己的方式行动	你可以去做，不需要与我联系

2. **不充分授权**

不充分授权是指管理者对其下属分派职责的同时，赋予其部分权限。根据所给下属权限的大小，不充分授权又可以分为以下几种具体情况（见表2）：

表2　　不充分授权

方式	方法	要求
指挥式	上司以命令和指示的方式控制下属的行为，下属不能擅自行动	你告诉我几个建议，我来选择
批准式	下属自己提出或拟订行动计划和方法，行动之前都须报上司批准，未批准的不得实施	你告诉我你希望如何做，我同意后你再做
把关式	大部分工作由下属做出决定，上司只对整个过程的某几个关键环节把关	你可以去做，有困难时告诉我

不充分授权是现实中最普遍存在的授权形式，它的特点是较为灵活，可因人、因事制宜，采取不同的具体方式，但它同时要求上级和下级、领导者和下属之间必须事先明确所采取的具体授权形式。

3. 弹性授权

弹性授权是一种混合的授权方式，它是综合充分授权和不充分授权两种形式而成的。所谓弹性授权就是根据工作的内容把下属履行职责的过程划分为很多阶段，阶段不同要采取不同的授权方式。弹性授权具有较强的适应性，当工作条件、内容等发生了变化时，中层经理可及时调整授权方式以利于工作的顺利进行。在运用弹性技巧的时候，领导者应该时刻保持与下属的协调，不断进行沟通。在运用这种方法时，领导者要掌握授权的范围和时间，然后根据实际变化来采取行动。

4. 制约授权法

中层经理有着很大幅度的管理幅度，而且也有繁重的任务，所以不可能有足够的经历来充分授权，此时应采用制约授权的方法。制约授权就是在中层经理授权之后，员工与公司领导之间相互制约。它是中层经理将某项任务的职权分解成两个或若干部分并分别授权，使它们之间产生相互制约、互相钳制的作用，以有效地防止工作中出现疏漏。

5. 逐渐授权法

要想做到有效授权，中层经理要在授权前对下级进行严格考核，这样才能对员工各方面情况有全面的了解。如果中层经理对员工不了解，需要采取逐渐授权的方法。如先用“助理”、“代理”职务等非授权形式，试用一段时间，以便对下级继续深入考察。当下属适合授权的条件时，中层经理才授予他们必要的权力，这种稳妥的授权方法，并非要权责脱节，而最终是要使两者相吻合。

四、权力与责任对等

下属履行其职责必须要有相应的权力，但同时，授予下属一定的权力时必须使其负担相应的责任，有责无权不能有效地开展工作；反之，有权无责则会导致不负责地滥用权力。责大于权，不利于激发下属的工作热情，即使只是处理一个职责范围内的问题，也需要层层请示，势必会影响工作效率；权大于责，又可能会使下属不恰当地滥用权力，最终会增加领导管理和控制的难度。所以，中层经理在授权时，一定要向被授权者交代清楚事项的责任范围、完成标准和权力范围，让他们清楚地知道自己有什么样的权力，有多大的权力，同时要承担什么样的责任。总的来说，要实现权力与责任平衡对等，应灵活掌握以下基本原则：

1. 明确

授权时，中层经理必须向被授权者明确所授事项的责任、目标及权力范围，让他们知道自己对哪些人和事有管辖权和利用权，对什么样的结果负责及责任大小，使之在规定的范围内有最大限度的自主权。否则，会使被授权者在工作中摸不着边际，无所适从，贻误工作。

2. 下属参与

让下属参与授权的讨论过程，这样可以增加授权的效率。首先，只有下属对自己的能力最了解，所以让他们自己选择工作任务可能会更有好处；其次，下属在参与过程中，会更好地理解自己的任务、责任和权力；最后，下属参与的过程是一个主动的过程，而一个人对自己主动选择的工作往往会尽全力做好。

3. 适度

评价授权效果的一个重要因素是授权的程度。授权过少往往造成中层经理的工作太多，下属的积极性受到挫伤；授权过多又会造成工作杂乱无章，甚至失去控制。授权要做到授出的权力刚好够下属完成任务，不可无原则地放权。

4. 责权相符

权力与责任务必相统一，相对应。这不仅指有权力也有责任，而且指权力和责任应该平衡对等。如果下属的职责大于他的权力，那么下属就要为自己一些力所不及的事情承担责任，这样自然就会引起下属的不满；如果下属的职责小于他的权力，那么他就有条件用自己的权力去做职责以外的事情，从而引起管理上的混乱。

5. 要有分级控制

为了防止下属在工作中出现问题，对不同能力的下属要有不同的授权控制。比如对能力较强的下属可以控制得少一些，对能力较弱的下属控制力度可以大一些。然而，为了保证下属能够正常工作，在进行授权时，就要明确控制点和控制方式，中层经理只能采用事先确定的控制方式对控制点进行核查。当然，如果中层经理发现下属的工作有明显的偏差，可以随时进行纠正，但这种例外的控制不应过于频繁。

6. 不可越级授权

越级授权是上层领导者把本来属于中间领导层的权力直接授予下级。这样做会造成中间领导者在工作上处于被动，扼杀他们的负责精神。所以，无论哪个层次的领导者，都不能将不属于自己权力范围内的事情授予下属，否则将导致机构混乱和争权夺利的严重后果。

7. 可控原则

授权不等于放任不管，授权以后，中层经理仍必须保留适当的对下属的检查、监督、指导与控制的权力，以保证他们正确地行使职权，确保预期成果的圆满实现。权力既可授出去，也可收回来。所有的授权都可以由授权者收回，职权的原始所有者不会因为把职权授予出去而因此永久地丧失了自己的权力。

总之，管理者在授权时一定要注意权力与责任必须平衡对等，把权力和责任“捆绑”下放，做到权责相应。唯有如此，才能真正发挥授权的效用。

卓越中层的管理法则 *10*：授权，有风险；不授权，风险倍增。

第三节　授权的难点和误区

一、授权非“售”权

授权虽然重要，但并不是每一个管理者都会授权，授权不当比不授权造成的后果更严重。中层经理在给下属授权时，既不能是推卸责任或袖手旁观，也不能强人所难。授权不是交易，授权要遵循几项一般性原则：

1. 授权必须综合考虑组织状况

在授权的时候应以组织的目标为依据，在分派职责和委任权力的时候，管理者应围绕着组织目标进行，只有为实现组织目标所需要的工作才能设立相应的职权；授权本身要体现明确的目标。在分派职责的时候，应该明确下属的工作目标和标准，而且还要规定如果达成目标会有什么样的奖励。这样可以使下属明确自己的目标和责任。

2. 授权最好采用单一的隶属关系

作为企业，会有多个部门，各部门都有其相应的权力和职责。中层经理不可交叉授权，否则会导致部门间相互干涉，甚至会造成内耗，形成不必要的浪费。让一个人负起责任比让几个人共同负责好。在企业里的连带责任，最后往往都是变得责任不清，双方都认为对方会处理，大多会发生袖手旁观不负责任的情形。组织是目标连锁，承认目标者从负有达成这个目标的责任立场来说，责任应给予一个人，而不是两个或两个以上的人。

3. 互相信赖

授权之后，就要完全地信任对方，绝不去干涉。要做到这一点，就关系到做领导的一个条件了，那便是慧眼识英才。一个领导，要处理的事情中最重要的是“生产、财务和人事”。生产和财务两项，都是可以预估的，唯独人事是极大的变数。如何使一个人在他的工作环境中发挥所长，是中层经理面临的最大难题。当然这也牵涉职位的晋升、合约等，而最好的方式，便是告诉下属，他的工作性质、职权、责任、晋升标准等，当他清楚自己的工作之后，便放手让他自己去做。这便是“授权并遗忘”。这样，领导才有办法、有心力去应对下一个难题。

4. 量力授权

授权是一种权力的分解和转移，当然，这种权力的分解或转移，并不是被动和无条件的。相反，它是主动地、有选择地进行。所谓主动，就是为了提高管理效率，中层经理有意识地实行授权。所谓有选择，主要包含两层意思：一是中层经理对将要授予或转移出的权力进行选择；二是中层经理对接受权力的人员进行选择。

5. **允许下属犯错**

对下属授权，就要对下属放心，就要允许下属在自己职责范围内自主行事，包括犯一些差错或过失。

下属犯了错误时，中层经理有时喜欢训斥下属，而不是给他们一定的宽容。

这样导致的结果常常有两种：一种是被责骂的下属垂头丧气，无可奈何地离去；另一种是被责骂的下属忍无可忍，勃然大怒，与上司大闹一场而去。

这时候，被责骂的下属一般都有这样的心理：权力是上司授予的，出了差错上司也有责任，自己已经认了错，上司还抓住不放，做得也太过分了。这样的上司，让人怎么跟他相处下去？性格刚强的下属会据理力争，与上司争个高下；而性格懦弱的下属则可能从此以后就自怨自艾，自暴自弃。

中层经理这样做显然是不明智的。下属能够自我反省，主动承认错误，实在是难能可贵的，上司应该给他一个机会，并加以正确引导。拒绝别人悔过，实在不足取。

二、避开授权误区

授权的重要性众所周知，但让一些中层经理真正把一些权力下放给下属，确实不是一件容易的事。实际调查表明，大多数组织中高层仅仅授权了10%左右的工作。诚然，在一个有着深刻集权思想的环境中，中层经理不能充分授权的原因是多种多样的。

但在实际工作中，中层经理的工作习惯和一些认识的误区则是导致授权丧失效果的主要原因。那么，授权究竟有哪些误区？在实践中，授权中的失误主要表现在以下方面：

1. **不肯授权**

（1）自认为自己最能干，认为下属能力不足或经验不够，不足以担当更大的责任，不愿授予部下权力。事实上，管理者即使在很多领域中都具有非凡的能力也一定要避免事事亲为，因为你能干不代表你的成员不能做这些事。而且更严重的是会导致下属行为的惰性。

（2）有的领导怕授权太多，威胁到自己在组织中的地位。这是必须要克服的一点。因为作为管理者必须清楚你不能独立完成所有的工作，而高效的授权能让你的工作和生活更轻松，并且让你的团队更有活力。

（3）认为有些具体事只有自己能做。管理者必须时刻提醒自己：如果在一个团队或组织中你是唯一能做某件工作的人（这里指具体的和技术上的工作），那对整个组织来说是危险的。只有那些必须由自己处理的事情才不属于授权的范围。

2. 对授权对象要求苛刻

（1）认为必须把一项工作授权给能手才是合理的。实际上不同的工作完全可以授权给不同的人，而标准只有一个，那就是能否提高整个团队的绩效。应该针对特定的情形和对象使用最佳授权方式，最终减少团队中资源的冲突和浪费。

（2）对工作要求尽善尽美。认为所有工作都应该完美地实现，其实这是一个误区，而一旦陷入这个误区，则会对你的授权产生限制，甚至会导致你对下属的能力产生怀疑，从而在授权工作上止步不前。事实上有许多时候不需要十全十美。

（3）因为下属是新手而不敢授权。一个高效的管理者，在明白能人重要性的同时也必须看到新手的潜力和价值。授权的过程其实也是一个授权者与被授权者共同进步、共同承担责任、共同学习的过程。

3. 随意式授权

陷入这一误区的中层经理往往不能根据客观工作任务的性质，对受权人所具备的实际能力、知识水平等进行慎重的考核，而是以个人好恶取人，或者从平衡组织内派系出发挑选被授权人。这类授权人不是按照完成工作任务所需的权力授权，而是以自己对被授权人的政治思想品质、业务知识水平、工作能力的主观评价，以及与自己的亲疏程度等作为授权的依据。

4. 含糊其辞式授权

这类授权人在向下属授权时总是不明不白的，对于给下属什么权力，给多大的权力等非常明确的问题从不讲清楚。这使得下属不得不揣摩授权人的真正意图，畏首畏尾地开展工作。

有的中层经理在授权时总放心不下，总对部下有疑心，经常干涉被授权者，阻碍权力的正常行使，结果搞得下级很被动。还有的中层经理授予下级的权力与下属所负的责任极不相称，使下级面临“责大于权”的状况。

5. 三心二意式授权

这类授权人在将权力授给下属的前后总是犹豫不决，反复无常。他常常改变主意，忽放忽收，使下属无所适从。陷入这一误区的授权人总是担心他授出的权力会被滥用，或者认为完成这项工作不需要那么多的权力，因而他在授权时，往往不授给完成任务所需的全部权力。

6. 空头支票式授权

这类授权人名义上将权力授予下属，但实际上却千方百计阻挠下属运用他已授出的权力。这类授权只不过是有名无实的空头支票——你永远也支取不出钱来。

高效授权是一门艺术，是拥有卓越领导才能的表现，也是管好下属的关键。要想在实际的授权工作中避免这些误区，这需要中层经理具有成熟的思想、对下属的信任、良好的沟通技巧和足够的信心。也许开始时要花费你大量的时间了解和总结，但随着你克服这些障碍后，你就有了更多的时间关注自己的工作，成为一个高效的中层经理。

三、必备的能力：防止“逆向授权”

在授权过程中以及授权以后，中层经理应当注意防止“反授权”。什么是反授权呢？它是指下属把自己所拥有的责任和权利授给上司，也就是把自己职权范围的工作问题、矛盾推给上司，而“授权”上司为自己工作。这样必然会使上司不像上司，下属不像下属。

中层经理如果对此不提高警惕，不仅使领导工作陷于被动，忙于应付下属请示、汇报，而且还会使下属养成依赖心理，从而使上下级都可能失职。

出现“反授权”现象，其原因无非两大类：一是领导方面的原因；二是下属方面的原因。

首先是来自领导方面的原因：

(1) 领导不善于授权，缺乏授权的经验和气度，毫无“宰相肚里能撑船”的风范。

（2）对“反授权”来者不拒。授权之后还事必躬亲，大事小事都要过问。一些怕担风险、能力平庸的下属，特别是一些善于投机、溜须拍马的下属，就喜欢事无巨细地向领导请示、汇报，以显示对领导的尊重。

（3）思想认识跟不上形势，宁肯自己多干也不愿意授权给下属；对下属不够信任，非得亲自动手心里才踏实；担心大权旁落，自己被“架空”。

（4）少数领导官僚主义严重，喜欢揽权，搞个人主义，使得下属无相应的决策权，因而不得不事事向领导请示汇报。

其次是来自下属方面的原因：

（1）某些下属抱着“不求有功，但求无过”的想法。

（2）有些员工缺乏应有的自信心和必要的工作能力。

（3）一些员工思想素质差，只求谋官，不想干事；只想讨好领导，不愿自冒风险；害怕承担风险；认为搞不好责任也在上面，自己可以当“太平官”。

在这里，我们看一个防止“反授权”的例子。

美国山达铁路公司年轻的技术室主任史特莱，虽然自己很努力地工作，但是却不知道怎样去支配别人工作。一次，他被指派主持设计某项建筑工程。他率领 3 个下属，去一个低洼地方测量水的深浅，以便知道经过多深的水，才可以建筑坚固的石基。

当时史特莱才 20 岁出头，资历尚浅，虽然也在各铁路测量队或工程队工作了好几年，但独当一面指挥别人工作，还是第一次。

史特莱极想为 3 个下属作出表率，以增进工作效率，在最短的时间内完成工作，所以开始的 3 天，他埋头工作并以为别人一定会学他的样子，共同努力。谁知这 3 个下属世故甚深，狡猾成性。他们看到年轻的领导这么努力，以为他少不更事，便假意恭顺，奉承史特莱的工作做得好，而自己却袖手旁观，几乎什么事也不干。结果工作进展得很不顺利，难以达到史特莱的期望。史特莱虽然困惑但脑子还算清醒，他回去思索了一晚，发觉是自己措施失当，知道自己如果将工作完全揽在身上，他们就会无事可做。第四天工作时，史特莱便改正以前的错误，专心于指挥监督，不再事必躬亲，工作效率果然大有改观。

可见，身为中层经理，必须注意防止“反授权”，这样才能成为一名成功的经理人。

反授权主要是一种职能上的错位，作为中层经理必须要知道如何“归位”，防止反授权。对很多经理人来说，要做到有效的授权，就必须先对自身角色的两种基本判断作出修正，应站在“领导人”而非“经理人”的立场上想问题。

商业顾问及作家哈瑟维指出：“首先，很多经理人固执地认为，替员工解决问题比教会他们独立解决更快也更有效；其次，他们认为自己比下属懂的更多。”

哈瑟维认为，这些观点只会增加经理人亲自解决问题与作决策的欲望，而不会使授权变得更容易。哈瑟维指出：“经理人管理的是细节（比如解决下属的问题），而领导人管理的是员工，他们会通过激发下属的主人翁精神与责任心达到这一目标。”

此外，授权的方式与授权的意愿同样重要，防止“反授权”的方法有很多：

1. **委派合适的任务**

让合适的人在合适的时间做适合的工作，是防止反授权的前提。根据对每个下属能力与发展需求的评估，将任务或问题委派给合适的人，通过这样的做法，避免将下属的“猴子”揽到自己的身上。

斯蒂芬·科维强调，建立在下属热情之上的授权会带来非常好的效果。“首先要了解每个下属最擅长做什么，最喜欢做什么，”他说，“然后将其特长与热情和工作的需要结合起来。有激情的员工是不需要监督的。他们会依靠自己找到解决问题的独创性方案。”

2. **增强团队建设，沟通交流，提供解决问题的资源**

在团队建设的时候，一定要加强队员之间的沟通和交流。要让下属了解领导的想法，这样可以更好地解决问题。

3. **心态的调整**

“授权的原则是给员工保留一定的自由度，并把失误看做其成长的机会。告诉每位下属你对其能力的评价，这样对方就能理解为什么你会把相应的任务交还给他。”

从授权人来说，要承担反授权的主要责任。要真正做到放心大胆地放权，就要正确评价下级，分清指导与执行，及时剔除不能胜任的下级。

从受权人来说，要主动大胆地承担责任，放手地做事，努力提升能力。

4. 施行严格的绩效考核

授权时要明确，做到“责、权、利”相结合，这是防止反授权的基础。

公司制度上要加强独立完成任务的考核，授权完成时要经过考评，肯定成绩，指出不足，及时激励与改进，增强工作的实效性。这样，既可调动下属的积极性，又可有效防止反授权，使员工清楚这些都和自己的绩效挂钩，如果没有责任心，就无法完成任务。

只有不合适的管理者，没有不好管理的员工。所以，不要用“没有时间”或者“没有合适的人选”等理由来解释你所遇到的“反授权”现象。想要做一个好的授权人，你只需认真地训练一下自己。

四、授权人要调整好心态

1. 怀疑员工的能力

对许多主管来说，授权不是能不能，而是肯不肯的问题。主管的心态决定了授权是不是“伪授权”，是不是“空壳授权”。授权人的正确心态是授权成功的起点。公司需要营造包容的管理环境，授权人应有开放和信任的心态。因此，授权人一定要摆正心态。如果还抱有以下的心态，必须在授权前就进行适当调整。

很多中层经理觉得下属“能力不够，不能胜任”，于是很多一般性的、例行性的任务都被披上“重大任务”的华丽外衣，非自己亲自操刀不可。

A企业是个涂料企业，年产值也有好几亿了，可是市场部任何一分钱的费用投放都必须由老板亲自审核、定夺。于是每天办公室被踩破门槛，老板从一大早至少忙到晚上8点，不亦乐乎！真正成为一个运筹帷幄、不下市场的大师。

许多管理者不信任受权人的能力，担心他们并不能完全地自由运用权力和作出正确决策的能力，觉得与其授权，还不如亲自解决。

产生这些担心的原因可能是由于有些员工的工作绩效总是不能做得像你预期的那样好，一味地批评抱怨又不能解决问题。

也许你会认为，员工们连现有的工作都做不好，怎么可能承担更大的责任。乍一听起来，你似乎是位体恤下属的好领导，但不会有人感激你。

事实上，每个人的能力都是在工作实践中锻炼出来的，没有哪个人的能力是与生俱来的，包括管理者本人。

俗话说："强将手下无弱兵。"员工不成长也有领导的责任。如果你的员工在工作能力上乏善可陈，问题很可能就出在你的身上。

在自然界，老鹰会把自己的孩子逼向悬崖，以迫使胆怯的雏鹰学会飞行。你也应该问问自己，是不是由于你的这种"体恤"，让公司养了一群永远也张不开翅膀的雏鹰？

很多优秀员工的流失不是因为你的"体恤"，而是因为没有足够的施展才能的机会。他们不希望自己变成对工作满不在乎的懒人。他们和你一样，渴望接受挑战、面对挑战、战胜挑战、获得成功——但是，如果你不授权的话，他们怎么有机会实现理想呢？这就是为什么很多离开原来公司的员工到了其他公司都成为"能人"的原因。

如果你怀疑员工的人品，应该问问自己"是不是因为我没有通过信任来激励他们"；如果你怀疑员工的工作能力，也应该问问自己"有没有对他们进行必要的培训或给他们锻炼的机会"。你应该反复寻找失利的原因，然后和大家一起探索提升业绩的办法。信任产生激励，通过你的信任、鼓励和培养，你的下属终将会成长为一个真正值得信赖的人。

2. 下属不应参与决策

不少管理者认为下属不应该参与决策，因为他们没有高度，不了解公司的发展规划，不能够真正理解他们被授权后制定的决策会对公司产生多大的影响。

他们为什么不了解公司的发展规划呢？因为你没有告诉他们，更谈不上去赢得他们的深刻认同。

有一些管理者，故意把信息管理搞得神神秘秘，以致无法在公司内实现正常的信息传递与分享，甚至连一些重要的信息都不告诉自己的员工。也许，他会觉得，只有这样才能树立管理者的权威，牵着员工们的鼻子走。事实上，这些信息对于员工们顺利展开工作十分重要。

这种信息屏蔽的管理思维不是光明思维，让员工坐井观天，员工也只能指哪打哪；而管理者是以员工的没有高度、无能来烘托自己的高度和自保地位。

但是，如果你的员工无法分享公司的发展规划，他们怎么会关心公司的未来呢？公司的发展远景有赖于所有人的努力，特别是那些在其工作领域内堪称专家的员工，更是能为公司实现远景目标铺就道路。

实际上，真正的共享式的管理氛围是高度的共享。要发挥下属的能力，就要摒弃传统的命令式的管理方法，通过协作式的管理，调动下属参与决策的积极性，提高整体工作效率。

3. 认为下属不想担责

作为一位管理者，很多时候你会装出一副很信任下属的样子。然而，很多事实证明，你还是放心不下。在具体的工作中，你没法不去过问或干预下属管理人员的工作，甚至把一些关键的环节留给自己亲自操作。你在自己的心里一直打着问号："我的下属会像我一样尽职尽责吗？"

有些中层经理会认为："现在的员工哪有几个能把工作当成事业的，企业不是他的，他怎么能像我这么尽心？"他们担心下属敷衍了事，工作态度不端正。

很多企业的员工都习惯于在管理者的命令下工作，大部分的权力和责任往往由管理者拥有和承担。一旦员工需要为自己的行为结果承担责任时，他们就可能会担心他们是否要为其所犯的错误承担责任。而一旦他们犯了错误，他们担心可能会被责骂，甚至担心可能会失去工作。正因为这样，有些管理者认为下属不愿去承担更大的责任。

实际上，根据马斯洛需求理论，"自我实现"是一个人的最高需求，每一个有抱负的员工都希望有施展才华的空间，希望自己受到重视，承担更大的责任。当你信任他，授予其权力时，他的责任心将在追求成就感的过程中发挥得淋漓尽致。并且长期的有效授权，有利于企业营造权责明确的文化氛围。

如果怀疑他的责任心，不敢给他授权，那么出了问题他将会以"这件事情我无权管辖，我不负责任"为借口而推卸责任。长此以往，员工的责任心将会散失殆尽，这种结果往往是中层经理一手造成的。

另外，管理者和员工也很容易在解决问题的方法上产生分歧。由于你相信自己的经验，甚至会强迫下属执行你的意见，致使下属不愿意对任务负责。

其实，条条大路通罗马，问题的关键不只是途径、方法，还有结果。一些具体的处理细节，你完全可以授权给自己的下属来全权处理。在此过程中，也许下属能够创造出更科学、更出色的解决办法。

4. **害怕承担风险**

授权是有风险的，管理者把某项工作授权给下属完成，无论出现什么结果，第一责任人是管理者，管理者有义务去承担这种风险。

很多管理者之所以对授权特别敏感，是因为对承担风险有恐惧感。在授权的时候经常考虑到授权后一旦出错，自己要承担责任而不愿意授权。他们害怕失去对任务的控制，担心放权容易控制难，权力一放，就很容易失控，后果很可能就无法预料了。

实际上，这是对授权后执行过程的不放心，说明企业缺乏优秀的授权机制，企业的控制管理水平已不能适应企业发展的需要，管理者还在准备着充当“救火队长”。

问题是：难道你非得把任务控制在自己手中吗？可不可以通过合适的手段避免任务失控呢？因为真正的授权并不是放任不管，授权还有监督和控制。只要能够保持沟通与协调的顺畅，采用流程、制度，加上“关键会议制度”“书面汇报制度”“管理者述职”等手段，强化信息流通的效率与效果，任务在完成的过程中，失控的可能性其实是很小的。在授权时沟通明确，尽可能地把问题、目标、资源等，向下属交代清楚，也有助于避免任务失控。

“绝对的权力等于绝对的腐败”，这是企业授权过程中骇人听闻的一句话，也是让管理者在授权上犹豫不决的一个原因。同样，现代企业管理是董事会、监事会、总经理三权分立的模式，只要做好监督机制建设，腐败就会被有效控制。

卓越中层的管理法则 *11*：正确授权，才能保证权力被正确使用，授权者才能解放自己，同时让下属获得更大的发展。

第七章
目标管理

目标管理是一种管理方法，它是以目标为导向，以人为中心，以成果为标准，而使组织和个人取得最佳业绩。目标管理也称为“成果管理”，也就是责任制。它是指在企业个体职工的积极参与下，自上而下地确定工作目标，并在工作中实行“自我控制”，自下而上地保证目标实现。

第一节　目标管理的导入

一、什么是目标管理

企业目标有很多种分类，如战略性目标、策略性目标以及方案、任务……一般来说，高级管理者制定经营战略目标和高级策略目标；中层经理制定中级目标；基层管理者制定初级目标；职工制定方案和任务，并同每一个成员的应有成果相联系。自上而下的目标分解和自下而上的目标期望相结合，使经营计划的贯彻执行建立在职工的主动性、积极性的基础上，把企业职工吸引到企业经营活动中来。

美国通用电气公司是最先采用目标管理方法的公司，并且取得了非常好的效果。之后，很多国家，如美国、西欧、日本等许多国家和地区采用这种方法，通过实验，目标管理方法已经成为一种加强计划管理的先进科学管理方法。在20世纪80年代，中国企业开始推广，目前采取的干部任期目标制、企业层层承包等，都是目标管理方法的具体运用。

虽然目标管理有很多具体形式，但其基本内容是相同的。目标管理是一种程序和过程，它使组织中的上级和下级一起协商，然后确定目标，根据目标来分任责任，然后根据这些目标来组织经营、评估和奖励。

目标管理以理论为基础，也就是在明确目标后，人们要对自己的行为负责。而在具体方法上则是泰勒科学管理的进一步发展。与传统管理方式相比，它具有独特的特点，主要表现为：

1. 重视人的因素

目标管理是一种管理制度，带有参与性、民主性、自我控制性，它需要将个人需求与组织目标结合起来。在这一制度下，上级与下级的关系是平等、尊重、依赖和支持，下级在承诺目标和被授权之后是自觉、自主和自治的，可见人得到了很大的重视。

2. 建立目标锁链与目标体系

通过专门设计的过程，目标管理将组织的整体目标逐级分解，转换为各单位、各员工的分目标。基本的顺序是：组织目标、经营单位目标、部门目标、个人目标。在分解目标的过程中，权、责、利三者已经明确，并且相互对称。这些目标具有共同的方向，环环相扣，相互配合，形成协调统一的目标体系。只有每个人员完成了自己的分目标，整个企业的总目标才有完成的希望。

3. 重视成果

目标管理的起点就是制定目标，终点是考核目标完成情况。在评判工作成果的时候，应当以评定目标完成程度为标准，这也是人事考核和奖评的依据，通过这些也可以评价管理工作绩效。关于完成目标的具体过程、途径和方法，主要由下级决定和完成。因此，在目标管理制度下，监督的成分很少，而控制目标实现的能力却很强。

二、目标管理的工作过程模型

企业目标管理的过程如图4所示。

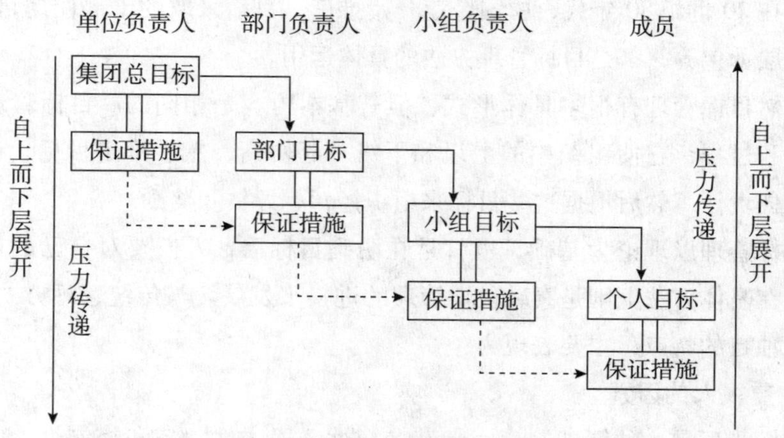

图4　企业目标管理的过程

1. 从战略制定到战略目标的过程

企业的发展离不开自己的经营战略，如果没有战略就没有发展。在进行目标管理的时候，最主要的是确定目标，而这个目标的设定也是有科学依据的。制定目标一定要符合公司的发展，否则就没有实际作用。有了目标，战略就有了清晰的目的和方向。因此，制定目标的依据必须是战略。没有脱离战略的目标，也没有没有目标的战略。两者既是从属的关系，又是相辅相成的关系，缺一不可。

2. 从战略目标到战略计划的过程

通常来说，制定的目标应该有自身的特点。不仅与之前的有所区别，还要具体可行。这个具体的过程就是战略计划的制订。计划较目标而言相对具体，有组织、有时间、有步骤、有途径、有措施，甚至有方法。其实实现这个目标就是一个转变过程。没有战略实施计划，目标再明晰也如砧板上的鲜肉，不可能自动变成美味佳肴。在这个过程中应该考虑很多事情，其中资源配置是最应该考虑的。如果离开了这个问题，很多事情根本不可能继续进行。

3. 从战略计划到目标责任的过程

当制订了计划之后，靠谁来执行呢？其实整个计划从制订到实施，最为关键的是实施。但在实施的过程中，也需要有人承担责任。所谓目标责任就是对目标达成与否的功过承载，而承载这种责任的具体人就是责任人。如果没有责任体系和责任保障，任何计划都是不切实际的。所以，一旦制订好计划，就要落实责任人。然而这个责任体系并不是单一的，而是全方位的，所有的员工身上都有不可推卸的责任。

4. 从目标责任到目标实施的过程

在把责任落实到位之后，就需要按照责任实施目标。在这里应当提及的是，责任和实施的转换中，要讲求把责任量化成一个个可操作、可实现、可考量的具体目标，这种目标的设定和实施，一定要突出目标是具体的、可衡量的、可达到的、具有相关性的、具有明确的截止期限的。

5. 从目标实施到目标督导的过程

在实施目标的过程中，为了保证更好地达成目标，必须加强实施过程的督导。督与导有很大的区别，督就是对实施情况予以监督；导就是在实施中予以必要的指导。当然，自主管理是非常重要的，但也需要必要的监督，否则事情根本无法顺利进行。为什么要进行监督呢？监督的目的是督办、督察、督促、催办、帮办、协办、强化对目标管理的执行力度。我们应该明白，在公司发展进程中，很多因素可能导致其偏离发展目标。所以仅仅靠监督是不行的。它需要管理层做出正确的指导，而指导的目的包括实现途径的引导、思想情绪的疏导、不佳行为的训导、偏执行为的劝导、知识能力的教导……简言之，管理者应当采取措施来最大限度地实现员工的积极性，发挥他们的热情，只有这样，才会取得更好的结果。

6. 从目标督导到目标实现的过程

关于目标，当然有很多的划分标准，按组织层级分类可以划分为整体目标、部门目标、班组目标、个人目标……按专业系统分类可以划分为管理目标、生产目标、营销目标、财务目标、技术目标……按时间阶段分类可划分为愿景目标、长期目标、中期目标、短期目标、突击目标……

三、提高业绩型目标管理的运用

中层经理要想提高业绩型目标管理，在确定目标的时候应该做到以下几点：

- 总经理根据公司的具体情况来制定并公布公司的年度总目标；
- 部门目标是各部门经理根据年度总目标制定并公布的；
- 基层目标是基层单位负责人根据部门目标制定并公布的；
- 个人目标是员工根据所属单位目标制定的；
- 目标体系图是通过全公司所制定的各级目标绘成的。

请举一个你制定不成功的目标，将制定该目标的步骤写下，在学习本课程后试着寻找原因，然后重新制定，避免以后再次发生。

1. 提高业绩型目标管理的定义

提高业绩型目标管理是一种目标管理方式，它是利用企业的组织体系，采用自上而下的方式，通过逐级分层制定目标，形成上下贯通、左右呼应的目标连锁，保证企业经营任务分解到人，责任到人，从而群策群力实现业绩提高。采用逐层分级负责的办法，自上而下逐级制定目标是提高业绩型目标管理的最大特点（见表3）。

表 3　　目标管理

制定目标	寻找原因	改进计划
步骤①		
步骤②		
步骤③		
步骤④		
步骤⑤		
步骤⑥		

2. 正确理解提高业绩型目标管理

正确理解提高业绩型目标管理，要抓住以下三点：

（1）以提高业绩为工作重点，强调的是工作结果，而不是工作过程；

（2）自上而下逐级制定目标；

（3）建立目标之间的锁链，各级目标环环相扣，形成体系。

金得利糖果公司是一家生产销售中式糖果的企业，随着社会的不断发展，仅仅生产中式糖果已经不能满足人们的生活需求，所以将西式糖果业务掺入其中。因此，公司引进了很多设备和技术，对需要新添的设备和技术作了调查。然后不断调查市场情况，根据市场需求来生产产品。不断借鉴经验，最终扬长避短，形成了自己独特的发展模式。

四、运用提高业绩型目标管理法

中层经理在运用提高业绩型目标管理的时候，一定要明白这种方法的优缺点，我们一起来看一下：

1. 提高业绩型目标管理法的优缺点

（1）优点

提高业绩型目标管理法的优点包括：目标易于制定；只要总目标正确，能最大限度地保证企业经营业绩的实现；形成目标链，能增进员工的整体意识，树立团队精神。

（2）缺点

提高业绩型目标管理法的缺点包括：下级制定目标时，易被上级干涉，自主权会受到限制；如果总目标错误，会给企业带来灾难性后果；由于是目标链，一旦某个环节出现问题，就会牵一发而动全身。

2. 提高业绩型目标管理的技巧

提高业绩型目标管理的技巧主要包括：提高总经理制定总目标的正确度；中层领导用协调和说服的方式起到“承上启下”的作用，这样可以保证目标锁链的系统性；保证下属对上级目标的知情权和制定个人目标的自主权，如果要调整下属目标，必须与下属沟通、讨论；目标实施过程中，领导应该把控制重点放在目标锁链的纽结上，协调上下左右的关系，加强关联部门间的合作；员工自主达成目标往往会遇到困难，越下层的员工遇到的困难往往越大，所以要不断培养员工的能力。在这个过程中可以采用渐进的方法，从上到下，循序渐进，最终使员工都有独特的能力。

其实，提高业绩型目标管理法的程序是：首先，总经理确定正确的总目标；其次，中层领导要做好承上启下工作；最后，每个员工充分发挥自主性来制定和实施目标。

3. 实用口诀

（1）万事开头难，总目标正确是第一关。

（2）自上而下，逐层制定目标，组织秩序不能乱。

（3）上下贯通，左右呼应，一环套一环，形成目标链。

（4）中层经理承上启下是关键。

（5）千万不要干涉员工的自主权，否则目标实现难上难。

卓越中层的管理法则 *12*：有目标，下属才能找到方向感。没有目标的工作是敷衍，没有目标的人生是堕落！

第二节 目标管理法的有效实施

一、实施目标管理的“六个步骤”

“目标管理”是管理学大师德鲁克于1954年提出的一个管理学概念，如今已成为当代管理体系的重要组成部分。许多优秀的中外企业已将目标管理作为企业管理的重要方法和手段之一，即使有些企业并未明确提出目标管理的概念，但其理念无不渗透在企业运行的各个环节中。作为物业管理企业如何把目标管理应用在企业运行的各个环节，已尤为重要。以下简要了解一下目标管理的几个步骤。

1. 目标设定

对于企业而言，根据目标实现的时间和目标的内容不同，有中长期目际也有短期目标，有企业的发展目标，也有企业的财务目标，等等。目标可谓多种多样。对于部门而言也大体如此。但各项工作目标均必须以企业的总体目标为导向，这是设定目标的关键问题。首先应讨论这个工作目标是否是企业需要的，是否对企业有所贡献，或者对其他部门实现其目标有所贡献。如果回答是否定的，则这个目标的方向性就发生了偏差，即使实现了对企业也没有意义反而浪费了时间和资源。这就需要部门负责人站在公司的层面上考虑问题，而不能只局限于本部门的范围。

2. 资源整合

要实现设定的目标，需合理配置和使用资源。其中的资源包括人力资源、资金、物质设备，甚至企业的文化、观念和组织架构。能否有效地整合这些资源是最终实现目标的前提条件。相对于资金和物资等硬件条件，人力资源、企业文化等软件条件的制约往往在短时间内更难以解决。现在很多工作均需要专业的人才来完成。等到需要专业人才的时候再去招聘，往往过于仓促，人才难觅。当然随着现在社会分工越来越细，完全可以采取与专业公司的合作来完成目标。这就涉及整合公司外的资源问题。员工的观念和做事的方法、习惯与企业文化息息相关，是在潜移默化中逐渐形成的，短期内很难改变。在推进工作的时候就要着重考虑工作方法顺应公司的企业文化和员工的行为方式，调动员工中蕴藏的积极因素。只有充分整合公司内外的软件、硬件方面的资源，才能为目标的实现创造最有利的条件。

3. 流程设计

对于整体目标中的重要工作应设计工作流程。通过工作流程的设计，往往可以为头绪众多的工作理清脉络，从中寻找工作的主线。工作流程的设计还可以完成工作职责的分配，使参与的人员了解自己在工作中所处的位置，相互之间是怎样的工作关系。

4. 任务分解

卓越的目标往往是由多项任务组合而成，实现目标的行动一般会持续较长时间，有些甚至是跨年度的。因此有必要将目标进行分解为一项项阶段性任务。一方面使近阶段的工作更加清晰；另一方面在实现各项子任务的同时会对员工起到不断激励的作用。

5. 过程监控

一项卓越的目标往往跨度时间很长，因此在实现目标的过程中就会发生许多变数。仅从资源方面考虑，就存在团队中的专业人才是否会流失、后续资金能否足以支撑目标实现的整个过程等。一个突发事件的产生有时就会对目标完成的时间、程度带来很大的影响甚至会影响最后的结果。一方面，在制定目标实现计划的时候就应当充分考量可能存在的不利因素，尽量加以避免。同时，制定相应的应急措施和补救办法；另一方面，应对工作实施的过程进行监控，不断检讨工作中存在的问题和失误。一旦发生突发情况在最短的时间内启动应急措施，使各项工作尽快回到预定的轨道。

6. 工作改进

工作改进可以分为两个层面，在完成一项目标的过程中必定会发生许多难以预料的情况。即时发现和总结工作中的经验教训，提出改进措施并运用到工作中去，确保原定目标的完成。另外在一项目标完成后更应对整个现实目标的过程进行总结。总结和分析工作中存在的失误并不是要抹杀已取得的成果，而是为完成其他工作目标积累经验。

二、目标执行的跟踪检查

要确保目标执行任务的完成，进行跟踪检查是非常必要的，其主要目的有以下几点：

1. 发现偏差

发现目标执行过程中的偏差是跟踪检查的首要目的，这样可以帮助人们及时改正错误。

跟踪检查的最初目的是发现偏差，但根本目的是及时修正偏差。在修正偏差的时候一定要保证及时和适时。这样可以避免发生更大的浪费，而适时就是掌握了时机，抓住主要矛盾。

那么，在目标执行过程中会存在哪些偏差呢？

（1）执行目标的行动方向与目标方向非共线性。

例如，在你打靶的时候，提前瞄准的靶子不一定会打中，因为在发子弹的过程中会出现两种情况，要么打中，要么打不中。而打不中的原因不是目标发生了变化，而是因为子弹实际运动的路线与设定目标的运动路线不一致，这在数学上称为非共线型，也就是不在一条直线上进行运动，就使目标执行的行动方向与目标的方向不一致。

在执行目标时，这个弧线要尽量地平滑，越接近一条直线越好。为什么？因为，弧线的弧度越大，那么浪费的时间和资源就越多，对于企业来说就不经济，应该迅速调整到直线上，及时纠正这种偏差。

（2）执行者或目标本身发生了出乎预料的事情（包括恶性事件和良性事件两种状况），致使无法达成目标或轻易完成目标。

（3）行动的速度与目标计划完成进度不一致。

2. 为上下沟通和上级实行例外管理提供机会和内容

在企业管理中，为什么会出现有些企业管得严，而有的企业对员工放任不管的情况呢？或许很大部分原因是因为很多领导不知道什么时候该管，什么时候不管。这个问题在跟踪检查中得到了解决，不但提供了上级介入下属工作的时机，还提供了沟通和管理内容。

3. **为员工执行目标提供支撑**

（1）消除懈怠。无论是人还是机动车辆，运行时间长了都需要“加油”或者是鼓劲儿。而跟踪检查不仅要监督懈怠，变压力为动力，还要对目标执行人进行鼓励，不断激发他们的热情。

（2）满足执行人被关注的需要。进行目标管理的人是守护者而不是执法者。

（3）要不断发现工作中出现的偏差，这样可以使工作更有效。

跟踪检查虽说目的性强，但要实现这些目的并不容易，它要求跟踪检查遵循一定的原则。

责任原则：实行责任原则的最高境界就是实现“无为而治”。其实，从很大程度上来说，目标管理就是自我管理，在工作中，员工不但要设定自己的目标，还要在实现目标的过程中实行自我检查、自我控制。如果出现了自我控制失效，而需要进行外部检查，还要找到解决问题的办法。而检查人也应该遵守规则，绝对不能大包大揽。

效率原则：检查应力求用最少的成本来最大限度地达成目的，其最低界限是因检查而提高的效益要高于检查成本。

关键因素原则：在跟踪检查的过程中根本不可能做到全面，检查人应该把重点放在一些关键因素上。如果面面俱到不仅会浪费资源，也会降低效率。

例外原则：根据经验总结，控制的因素应主要集中在例外的事项，这样可以取得更好地控制效果。

标准原则：跟踪检查也有自己的标准，在进行检查的过程中一定达到自己的标准，否则就会影响判断。

行动原则：为了使跟踪检查有意义，在发现偏差之后一定要立即采取行动。如果有错误，要抓紧时间加以纠正。否则就会造成不堪设想的后果。

总而言之，确保目标的实现是对目标实行跟踪检查的根本目的。

卓越中层的管理法则 *13*：下属不做你希望的，只做你检查的。如果你不检查，将导致下属不重视目标的落实。

三、目标的修正及其标准

在确定目标之后，一般不打算修正目标，然而如果有新情况发生，目标还是要发生改变，此时就应该采取行动修正目标。这样做有很多好处：一是可以使企业行动方向与环境变化的方向保持一致，对市场变化及时做出反应；二是重新调整目标，可以再次平衡因环境变化而产生的在完成目标上的不同；三是如果某个环节目标因环境变化而无法完成，就会影响其他环节目标的完成，实施调整可以保证目标体系在新的环境里实现正常运转。这里我们提到的是如何确定目标是否需要修正，如果修正目标如何才能保证最低程度的损失？

1. 确定目标是否需要修正

在设定目标的时候应该考虑到未来一定时期的可能变化，所以，在改变目标的时候不能以细微的环境变化为转移，必须在具体分析情况之后再做出决定。总之，无论是调整目标还是改变目标，都需要做出详细、客观的分析，否则会产生很多额外的事情，最终影响公司的正常发展。

2. 修正标准的内容

一般包括两个方面：

（1）规定目标修正的情景范围。规定目标修正的情景范围包括需要修正目标的不可抗力的范围，换句话说就是规定哪些意外事件发生才可能需要修正目标。一般来说，不可抗力包括意外事故（如起火、垮楼）、自然灾害（如洪水）、国际政治局势的突然变化（如战争）、国际经济形势的突然变化（如石油危机、亚洲金融危机）、企业内部情况的突然变化（如资金流的突然中断、领导层的突然变更、人员意外流动）等。

（2）规定目标执行的误差范围。规定目标执行的误差范围就是只有在目标执行值与计划值之间的差额超过了一定的范围时，才需要修正目标。

只有把之上两种情况结合起来才能决定目标的变更。如果只是其中一个情况，则是不能改变目标的。例如，在 1997 年发生金融危机的时候，我国的外贸出口实际完成数值与计划完成数值之差没有超出需要修正出口目标的标准范围，所以目标没有得到修正，而是积极采取措施来完成目标。在社会实践中，我们国家就是按照这个规定来做的，最终基本完成了全年目标。同样，如果企业销售部到8月底的实际销售额只有计划数值的50%，是否需要修正目标呢？这就要分析造成这种状况的原因，如果是不可抗力，则应果断修正目标；如果是销售部人为不努力造成的，则不允许修正目标。应该命令销售部在最短的时间内采取措施来完成目标。相反，在这种情况下，如果允许修正目标，会打击其他部门的积极性，形成攀比心理，目标的严肃性就得不到尊重。

3. 如何修正目标

目标如果需要修正，应按规定程序进行：

（1）目标执行人填写“目标修正卡”，将修正后的目标、修正的理由等内容填写好后，交直接领导签写意见后转递目标跟踪检查部（见表4）。

表4　　　　目标修正卡

执行单位：　　　执行人：　　　　填表日期：　　年　　月　　日

目标		原订进度（月）											
原目标	原订工作计划	1	2	3	4	5	6	7	8	9	10	11	12
修正目标	工作计划	修正进度（月）											
		1	2	3	4	5	6	7	8	9	10	11	12
修正原因													
审　　核													

第一联：自存　　　　第二联：上司　　　　第三联：企管处

（2）如果其他部门没有受到目标变更的影响，跟踪部在修正卡上签注自己的意见后呈最高管理层核准，核准后交执行人。如果目标变更影响其他部门并要对其他部门的目标做相应变更，跟踪部应召集相关部门主管开会协商目标的修正，并责成其他部门按会议意见在一定时间内修正目标并将目标修正卡上报，跟踪部将会议意见和自己的意见签注在目标修正卡上后，呈最高管理层核准。核准后下发各部门。整个过程完毕后，应将修正目标的经过、原因、目标协商会上的讨论情况及最后的意见等作一总结，并记录在修正目标记录表上，作为将来的考核依据。

（3）各单位及相关目标执行人收到核准的目标修正卡后，按新目标重新填写目标卡代替旧目标卡，呈上级核准后执行。

第八章

下属激励艺术

激励是现代管理的一项重要职能，员工激励是知识企业管理的一项重要内容。一个经理人能够激励他人，便是很大的成绩。要使一个单位有活力有生气，激励就是一切。因此，作为企业的中层经理，要学会下属激励的艺术。

第一节　建立激励机制

一、激励的八项原则

作为一名优秀的中层经理，一定要对激励的基本原则有所了解，我们一起来看一下激励的八项基本原则：

1. 目标结合原则

在激励机制中，设置目标是一个关键环节。目标设置必须同时体现组织目标和员工需要的要求。良好的文化就是让员工目标逐渐靠近组织目标。

2. 物质激励和精神激励相结合的原则

其实，在激励的过程中，进行物质激励当然是必要的，因为它是基础，然而物质奖励的根本是进行精神激励。只有把物质奖励和精神奖励结合起来，才能更好地达到目的。那些只有物质奖励而没有精神奖励的奖励是不可取的，而只有精神激励没有物质激励是愚人，所以将两者结合起来是非常有必要的。

3. 引导性原则

外激励措施只有转化为被激励者的自觉意愿，才能取得激励效果。因此，引导性原则是激励过程的内在要求。内心有意愿，行为才出效果。

4. 合理性原则

激励的合理性原则主要包括以下三层含义：①要有适度的激励的措施。而何谓适度呢？那就是根据所实现目标本身的价值大小确定激励量。②无论是奖励还是惩罚都要讲究公平。③激励的程序是由小到大，由弱到强。

5. 明确性原则

激励的明确性原则主要包括三层含义：①明确。在激励员工的时候，一定要明白本着什么样的目的激励，员工应该怎么去做。②公开。在奖励员工的时候一定要公正公开，这是非常重要的。③直观。一般来说，物质奖励和精神奖励都能直观地表达其目标，其直观性与激励影响的心理效应成正比。

6. 时效性原则

要把握激励的时机，“雪中送炭”和“雨后送伞”的效果是不一样的。激励越及时，越有利于将人们的激情推向高潮，然后使员工有效发挥出自己的创造力。

7. 正激励与负激励相结合的原则

对员工符合组织目标的期望行为进行奖励的行为就是正激励。而对员工违背组织目标的非期望行为进行惩罚就是负激励。从某个方面来说，实行正负激励都是非常必要的，而且起着很重要的作用。这种原则不仅能够对当事人起作用，它还能影响周围的很多人。

8. 按需激励原则

激励的目的就是通过满足员工的需求来激发员工工作的积极性和创造性。坚持按需激励原则的前提是领导了解员工的需要，只有这样，才能更好地采取措施，获取更好的结果。

二、建立完善有效的激励机制

强化工作动机不仅可以激发出员工的工作热情，更重要的是可以改善工作绩效。我们在这里强调的是纵然中层经理的所作所为对员工起到了很好的作用，但起决定作用的还是员工自己。

想为员工打开心锁，中层经理应该好好地谋划一番，为你的激励建立一个有效的机制。那么，一个有效的激励机制应该具备哪些特征，符合什么样的原则呢？

第一，简明。激励机制的规则必须言简意赅，不仅容易被人理解，还要容易实行，没有什么歧义。

第二，具体。在激励员工的时候不能认为仅仅通过一句话就可以了，而要让员工明白领导的真正要求或者是目的。

第三，容易实现。所制定的激励机制或者是要求应当是每个员工可以通过自己的努力达到的。

第四，可估量。制订激励计划的基础是可估量的目标，如果不能把激励所需要的费用计算出来，那么必然会浪费很多资金。

一个高效激励机制的建立，中层经理需要从企业自身的情况，以及员工的精神需求、物质需求等多方面综合考虑，更新管理观念与思路，制定行之有效的激励措施和激励手段。具体来说，应该做到以下几点。

1. 建立物质激励和精神激励相结合的机制

中层经理在制定激励机制时，不仅要考虑到物质激励，同时也要考虑到精神激励。物质激励是指通过物质刺激的手段来鼓励员工工作。它的主要表现形式有发放工资、奖金、津贴、福利等。精神激励包括口头称赞、书面表扬、荣誉称号、勋章……

在实际工作中，一些中层经理认为有钱才会有干劲，有实惠才能有热情，精神激励是水中月、镜中影，好看却不中用。因此，他们从来不重视精神激励。事实上，人类不但有物质上的需要，更有精神方面的需要，如果只给予员工物质激励，往往不能达到预期的效果，甚至还会产生不良影响。美国管理学家皮特就曾指出："重赏会带来副作用，因为高额的奖金会使大家彼此封锁消息，影响工作的正常开展，整个社会的风气就不会正。"因此，中层经理必须把物质激励和精神激励结合起来才能真正地调动广大员工的积极性。

2. 建立和实施多渠道、多层次的激励机制

激励机制是一个永远开放的系统，要随着时代、环境、市场形式的变化而不断变化。因此，中层经理要建立多层次的激励机制。

其实多层次激励机制是从联想公司开始的。在不同的时期，联想公司采用不同的激励机制，在20世纪80年代，公司的目标就是注重培养员工的集体主义精神和满足他们的物质需求；而进入90年代以后，新一代的联想人对物质要求更为强烈，并有很强的自我意识，基于这种特点，联想公司制定了新的、合理的、有效的激励方案，那就是多一点空间、多一点办法，制定多种激励方式。如对于那些有着突出业绩的业务和销售人员，应当给予比他们的上司还要高的工资和奖金，这样可以保证他们持续的工作热情。在联想集团的领导人看来，最大限度地激发员工工作热情的方法是设置多条跑道，采取灵活多样的激励手段。

3. 充分考虑员工的个体差异，实行差别激励的原则

企业要根据不同的类型和特点制定激励机制，而且在制定激励机制时一定要考虑到个体差异：例如女性员工相对而言对报酬更为看重，而男性员工则更注重提升能力、得到升迁。在年龄方面也有差异，一般20～30岁的员工自主意识比较强，对工作条件等各方面要求比较高，而31～45岁的员工则因为家庭等原因比较安于现状，相对而言比较稳定。在文化方面，有较高学历的人一般更注重自我价值的实现，他们更看重的是精神方面的满足，例如工作环境、工作兴趣、工作条件等，而学历相对较低的人则首先注重的是基本需求的满足。在职务方面，管理人员和一般员工之间的需求也有不同。因此，企业在制定激励机制时一定要考虑到企业的特点和员工的个体差异，这样才能收到最大的激励效力。

人才是企业生存与发展的关键，如何在企业有限的人力资本中调动他们的积极性、主动性和创造性，有效的激励机制是必不可少的。因此，中层经理一定要重视对员工的激励，根据实际情况，综合运用多种方式，把激励的手段和目的结合起来，改变思维模式，真正建立起适应企业特色、时代特点和员工需求的有效激励机制，使企业在激烈的市场竞争中立于不败之地。

卓越中层的管理法则*14*：懂得激励的经理往往比高效工作的经理更能赢得下属尊重。

第二节　激励理论与运用

一、X理论的激励与管理方式

从18世纪末到19世纪末，X理论占据统治地位。这个理论的核心观点就是认为人就是“经济人”，其代表人物是泰勒，在1957年11月号《哈佛管理评论》发表的《企业中的人性面》一文中，美国社会心理学家、管理学家麦格雷戈明确提出“经济人”的人，依据经济人人性假设“X理论”被提出来。

X理论以下面四种假设为基础：

- 员工天生不喜欢工作，只要可能，他们就会逃避工作；
- 由于员工不喜欢工作，因此必须采取强制措施或惩罚办法，迫使他们实现组织目标；
- 员工只要有可能就会逃避责任，安于现状；
- 大多数员工喜欢安逸，没有雄心壮志。

在X理论看来，人性具有好逸恶劳的特点，最好的管理方式是命令和强制。

在通过对一些企业管理进行考察之后，麦格雷戈指出，传统组织实行金字塔式的组织结构、集中决策和严格的外部控制。而这时以“人性恶”和“经济人”的人性假设为基础建立起来了组织机构和管理方式。这种假设对人性的基本概括是：人生性以自我为中心，漠视组织的要求；人生性宁愿接受领导的支配，不愿主动承担责任；人生性缺乏进取心，反对变革，把安全看得高于一切；人最容易受到欺骗和煽动。在麦格雷戈看来，以这种假设为基础必然会导致管理人员对组织成员采取强迫性的控制和指挥，采用的方法可能有金钱奖励或者是以惩罚相威胁，这是为了促进他们更加努力，以便更好地实现目标。同时，他又指出在管理实践中，对组织成员采取强迫威胁和严密监督、严格管理或采取随和态度，顺应成员要求进行温和管理，所起的作用都是非常渺小的。由于麦格雷戈认为，X理论所建立的基础是错误的人性假设，因此他提出用Y理论来取代X理论。

为什么以X理论来命名呢？原来麦格雷戈对把人的工作动机视为获得经济报酬的“实利X理论人”作为人性的假设。这种理论的主要观点是：

（1）人类本性懒惰，厌恶工作，所以无论做什么事情往往选择逃避；大部分的人都没有什么意志，做事害怕担责任，所以宁愿被领导骂；

（2）多数人必须用强制办法乃至惩罚、威胁，使他们为达到组织目标而努力；

（3）激励只在生理和安全需要层次上起作用；

（4）绝大多数人只有极少的创造力。

因此，企业管理的唯一激励办法，就是以经济报酬来激励生产，只要增加金钱奖励，便能取得更高的产量。所以这种理论特别重视满足职工生理及安全的需要，同时也很重视惩罚，认为惩罚是最有效的管理工具。

二、Y理论的激励与管理方式

麦格雷戈提出了Y理论，它建立在人的特性和人的行为动机的更为恰当的认识基础上，其主要内容是：

（1）一般人并不是天生就不喜欢工作的，工作中体力和脑力的消耗就像游戏和休息一样自然。工作可能是一种满足，因而自愿去执行；也可能是一种处罚，因而只要可能就想逃避。到底怎样，要看环境而定。

表5　X理论与Y理论对照

	X理论	Y理论
假设	员工天生不喜欢工作，只要可能，他们就会逃避工作	员工视工作如休息、娱乐一般自然。员工投入在工作中的体力和精力与他们花在私人生活中的一样多
	由于员工不喜欢工作，因此必须采取强制措施或惩罚办法，迫使他们努力工作，完成任务目标	如果员工对某些工作作出承诺，他们会进行自我指导和自我控制，以完成组织任务。控制和惩罚并非是让员工工作的唯一手段
	一般员工希望被指挥	工作满意度是激励员工与确保员工忠诚的关键
	员工只要有可能就会逃避责任	员工愿意承担责任。在适当条件下，大多数员工不仅能够承担责任，而且会主动寻求承担责任
	一般员工喜欢简简单单，安于现状	员工富有想象力和创造力，不断寻求改变，他们的灵活性有助于解决工作中出现的问题
应用	车间工厂、大量生产；生产工人	专业服务、知识劳动者；管理人员、专业人员
有助于	大规模高效运营	专业化管理、复杂性问题的参与和解决
管理方式	独裁式、强硬管理	参与式、柔性管理

（2）外来的控制和惩罚并不是促使人们为实现组织的目标而努力的唯一方法。它甚至对人是一种威胁和阻碍，并放慢了人成熟的脚步。人们愿意实行自我管理和自我控制来完成应当完成的目标。

（3）人的自我实现的要求和组织要求的行为之间是没有矛盾的。如果给人提供适当的机会，就能将个人目标和组织目标统一起来。

（4）一般人在适当条件下，不仅学会了接受职责，而且还学会了谋求职责。逃避责任、缺乏抱负以及强调安全感，通常是经验的结果，而不是人的本性。

（5）大多数人，而不是少数人，在解决组织的困难问题时，都能发挥较高的想象力、聪明才智和创造性。

（6）在现代工业生活的条件下，一般人的智慧潜能只是部分得到了发挥。

根据以上假设，相应的管理措施为：

（1）管理职能的重点。在Y理论的假设下，管理者的重要任务是创造一个使人得以发挥才能的工作环境，发挥出职工的潜力，并使职工在为实现组织的目标贡献力量时，也能达到自己的目标。此时的管理者已不是指挥者、调节者或监督者，而是起辅助者的作用，从旁给职工以支持和帮助。

（2）激励方式。根据Y理论，对人的激励主要是给予来自工作本身的内在激励，让他担当具有挑战性的工作，担负更多的责任，促使其工作做出成绩，满足其自我实现的需要。

（3）在管理制度上给予工人更多的自主权，实行自我控制，让工人参与管理和决策，并共同分享权力。

Y理论的主张认为人们并非逃避工作，相反他们乐于进取，积极向上。这一点确实是值得人们思考的。不过更为重要的是，强调发挥员工积极建设的一面是符合中国文化传统的。“人性向善”论是孔子德治主义政治人事思想的哲学起点。孔子有鉴于春秋时期的乱源在社会“知其法”，致使政治是非不明，人伦道德不彰，周代的一套礼制已沦为形式，应当从内在的人性中找出外在秩序的源头，重建人伦道德与治国之道。

孔子向来把“仁”这种最高的道德准则作为择人、择官的标准。为官之道，强调“爱人”，整个论语都通过礼节来强调，如何通过人与人之间的彼此关爱、尊重，使政治制度道德化、机构之间和谐化。这种思想，是建立在道德和伦理基础上的。因此有人说："半部《论语》治天下。"

合理运用Y原则确实也给一些企业带来了一些利益。但是"人性本善"还是"人性本恶"的争论已有千年，我们的思考结论趋于多元化，即人性并非一元，环境也起到了重要的作用。在一定条件下，好人会做坏事，坏人也会做好事，这样的例子都是存在的。因此，Y理论也是有应用前提的。管理者在使用时要尽可能地多加注意。

三、Z理论的激励与管理方式

在1981年，日裔美国学者威廉·大内出版了《Z理论》，在其中提出了Z理论，而人与企业、人与工作的关系是其主要内容。

Z理论内容基本可以简述如下：

1. 畅通的管理体制

从某个方面来说，管理体制应保证下情充分上达；应让职工参与决策，及时反馈信息。在制定重大决策的时候，管理体制应鼓励第一线的职工提出建议，然后再由上级集中判断。

2. 基层管理者享有充分的权利

基层管理者对基层问题要有充分的处理权，还要有能力协调职工们的思想和见解，发挥大家的积极性，开动脑筋制定出集体的建议方案。

3. 中层经理起到承上启下的作用

这样可以保证统一思想、统一向上报告有关情况，如果可能的话，还能使职工提出自己的企业发展建议。

4. 长期雇用职工，及时整理和改进来自基层的意见

企业要长期雇用职工，使工人增加安全感和责任心，与企业共荣辱、同命运。

5. 关心员工的福利

管理者要处处关心职工的福利，设法让职工们心情舒畅，形成上下级关系融洽、亲密无间的局面。

6. 创造和谐的工作环境

固然，关心企业的生产任务是企业管理者的任务，同时，管理者应当想办法让员工感到工作的愉悦。

7. **重视员工的培训**

在企业发展中，职工的培训是很大的一方面，培训可以为提高员工的能力提供条件。

8. **职工的考核**

考核职工不能以工作业绩为唯一的标准，而是要综合全面地进行评价，这样才能保证公平。

大多数情况下，任何企业组织都应该对它们内部的社会结构进行变革，使之既能满足新的竞争性需要，又能满足各个雇员自我利益的需要。Z 型组织也许就接近于这种新的组织形式。

A 型组织的特点为：短期雇用；迅速的评价和升级，即绩效考核期短，员工得到回报快；专业化的经历道路，造成员工过分局限于自己的专业，但对整个企业并不了解很多；明确的控制；个人决策过程不利于诱发员工的聪明才智和创造精神；个人负责，任何事情都有明确的负责人；局部关系。

与此不同的是，他认为日本企业有着不同的特点，如实行长期或终身雇用制度，这种制度可以激励或者是保证员工与企业同甘共苦。另外，对员工实行长期考核和逐步提升制度、为员工提供培训条件、管理过程中使用多种手段，又注重对人的经验和潜能进行细致而积极的启发诱导；采取集体研究的决策过程；对一件工作集体负责；人们树立牢固的正题观念，员工之间平等相待，每个人对事物均可作出判断，并能独立工作，以自我指挥代替等级指挥。他把这种组织称为 J 型组织。

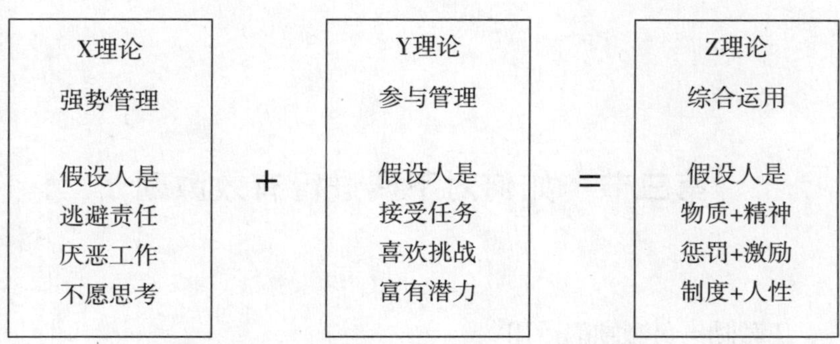

图 5　X 理论 + Y 理论 = Z 理论

大内不仅指出了A型和J型组织的各种特点，而且还分析了美国和日本各自不同的文化传统以使其典型组织分别为A型和J型，这样，就明确了日本的管理经验不能简单地照搬到美国去。为此，他提出了“Z型组织”的观念，认为美国公司借鉴日本经验就要向Z型组织转化，Z型组织符合美国文化，又学习日本管理方式的长处，比如“在Z型公司里，决策可能是集体做出来的，但是最终要由一个人对这个决定负责”。而这与典型的日本公司（即J型组织）做法是不同的，“在日本没有一个单独的个人对某种特殊事情担负责任，而是一组雇员对该组任务负有共同责任”。他认为“与市场和官僚机构相比，Z型组织与氏族更为相似”，并详细剖析了Z型组织的特点。

考虑到由A型组织到Z型组织转化的困难，大内给出了明确的13个步骤，认为这个变革过程一般应如此进行：参与变革的人员学习领会Z理论原理，挖掘每个人正直的品质，发挥每个人良好的作用；分析企业原有的管理指导思想和经营方针，关注企业宗旨；企业的中层经理和各级管理人员共同研讨制定新的管理战略，明确大家所期望的管理宗旨；创立高效合作、协调的组织结构和激励措施，来贯彻宗旨；培养管理人员掌握弹性的人际关系技巧；检查每个人对将要执行的Z型管理思想是否完全理解；把工会包含在计划之内，取得工会的参与和支持；确立稳定的雇用制度；制定一种合理的长期考核和提升的制度；经常轮换工作，以培养人的多种才能，扩大雇员的职业发展道路；认真做好基层一线雇员的发动工作，使变革在基层顺利进行；找出可以让基层雇员参与的领域，实行参与管理；建立员工个人和组织的全面整体关系。

第三节　如何对下属进行有效激励

一、正激励与负激励的运用

激励分为正激励和负激励。所谓正激励是指针对不同激励对象的不同需求，通过奖励、表扬、晋升等手段来促进、诱导下级形成动机，并引导行为指向目标的活动过程。而负激励就是对个体的违背组织目标的非期望行为进行惩罚，以使这种行为不再发生，使个体积极性朝正确的目标方向移动，纪律处分、经济处罚、降级、降薪、淘汰等为处罚的具体表现。

一般来说，在公司中犯错误的同志都会受到惩罚。管理者希望通过惩罚来激励员工更努力地工作。如今，无论是在工作中还是在生活中，人们都期望能够做到以人为本，构建和谐社会，所以提倡实行正面激励。就是在这种大家都呼吁、倡导以人为本，重点运用正激励来提高员工积极性的趋势中，也带来了不少问题。

一方面，过分追求正激励最终导致忽视负激励的作用，带有很大的片面性。由于人们越来越重视人性化的管理，很多企业就把奖励员工作为提高公司业绩的唯一手段，将其作为提高员工工作积极性的方法。然而，单方面的正激励不一定能收到预期的效果，片面追求正激励的过程中存在许多的问题。

另一方面，负激励已经“名亡实存”。在社会实践中，负激励仍然存在，而且打着以人为本的幌子在暗中存在。不少企业写着以人为本的员工管理手册，喊着以人为本的宣传口号，私下里却对犯错的员工进行严厉惩罚。出现这种情况的原因有很多种，如以前的管理重惩罚轻奖励或者是惩罚在字面上与人性化的人本管理有冲突。这样，负激励成了激励管理中的“黑户”。

因此，在现实生活中一定要坚持正激励与负激励相结合。只有这样，才能使整个公司的员工朝气蓬勃，最终创造更大的业绩。

应用正、负激励应注意的普遍问题：

1. **体现公平、公正原则**

在运用正激励对他人进行奖励的时候，一定要尽力做到对所有的人公平。如应该是生产部和销售部共同完成的工作，如果只是奖励某一方，必然会让另一方感到不满，从而影响企业效益。同时，不公平的待遇、晋升等行为长期发展会在企业内部滋生拉拢关系、拉帮结派的现象。

而在运用负激励的时候更应该坚持公平公正的原则。其实，负激励就如同一个火炉，只要谁触摸它，谁就会被烫伤。而现在不少企业中却根据“个人感情”和“个人意志”来行使手中的惩罚大权，这不仅降低了负激励的威力，扭曲了作为管理者的形象，更重要的是逆反了员工的心理。可谓百害而无一利。

2. 从领导开始

在企业制定制度之后，一定要要求所有的人都要遵守，领导也不例外。如果可能的话，企业的领导应当以身作则，起到模范带头作用，只有这样，才能让员工心服口服。联想集团有条规定：开会不准迟到，如果迟到的时间大于或等于五分钟，与会者就不用参加会议了；如果小于五分钟，那就在门外站与迟到相同的时间再开会。有一次，联想老总柳传志迟到了三四分钟。于是，柳传志按照规定站在门口，直到站够了规定的时间才走进会议室。这就为所有的员工做出了榜样，相信其他的员工都会遵守规定。

3. 正确把握激励的力度和尺度

运用正激励的时候，一定要注意激励的门槛。如果激励的门槛过高，员工无法达到，那么它就起不到应该起到的作用；如果激励的门槛过低，人们通过某种意志努力获得的收益较小，与自己的付出不成比例，也不会起到良好的激励效果。

想要使负激励发挥应有的作用需要技巧。无论是时机、心理、方式，还是步骤都应当把握好，与此同时，还应该做到具体问题具体分析。那些“过”和“不及”都不能达到最佳的效果。如果所使用的负激励过火了，必然会导致员工非常反感，激化矛盾，造成员工内部不团结。相反，负激励不痛不痒，因起不到效果可能带来许多恶果。

二、11 种非物质激励方法

作为中层经理而言，一定要掌握好各种各样的非物质激励方法，从而让自己的团队更加高效，让我们一起来看一下以下的非物质激励方法。

1. 目标激励法

目标激励也是一种激励政策，它是管理者通过设立一个短期或者长期的目标，对团队进行一些思想和观念的传播和宣传，并给他们提供一个能充分发挥自我才能的平台，使他们看到企业的发展潜能和未来前景，对公司的发展起着非常重大的作用。

目标激励可以使员工明确地知道自己的职业目标和方向，从而能够充分地发挥自己的创造力和主动性，为企业的发展贡献自己的力量，促进企业的长远发展。

所以对于管理者而言，要想使企业有强大的团队支持，就必须给员工一个看得见的未来，使他们有一种愿意努力奋斗的勇气和信心。

可以想象，如果你的企业规划没有一个值得让人信赖和充满希望的未来，那么还会有谁去为你卖力呢？也许早已经是“人去楼空”了。所以适当地对员工和团队进行目标激励是管理者应该具备的一种素质和能力，也是企业经营战略的一种明智选择。

目标激励法是一个能够坚定员工信心和动力的方法，只有让员工有一个强大的目标支持，才有可能促使他激发更多的内在潜能，为这个目标奋斗。

其实在任何一家企业中，管理者都可以运用这种目标激励法。你可以激励员工自身去追逐自己的目标，实现自我价值的满足；也可以给企业定一个规划和目标，鼓励员工，使员工相信自己所在的企业其实是有很大的发展前景和实力的，那么他们的潜质将会得到很大的开发，最终创造的价值也将会是无法限量的。

目标激励法是一个能够坚定员工信心和动力的方法，只有让员工有一个强大的目标支持，才有可能促使他激发更多的内在潜能，为这个目标奋斗。

其实在任何一家企业中，管理者都可以运用这种目标激励法。你可以激励员工去追逐自己的目标，实现自我价值；也可以给企业定一个规划和目标，鼓励员工，使员工相信自己所在的企业其实是有很大的发展前景和实力的，那么他们的潜质将会得到很大的开发，最终创造的价值也将会是无法限量的。

2. 需求激励法

员工的需求主要包括物质需求、情感需求、休息需求、升职需求、加薪需求等。当然不同的员工追求的目标是不同的，管理者应该认真地把握每个员工的迫切需求，并尽可能地满足对方，从而调动他们的工作激情和热情，为企业增添一丝活力。

3. 物质激励法

物质激励法有很多种，作为管理者可以从薪酬制度、绩效制度、奖金福利制度等方面着手，通过这些物质奖励大大地调动员工的积极性和主动性，进而促进员工潜能和创造力的激发和发挥。

从目前市场上大部分企业的发展模式上来看，物质激励法是采用最为普遍和广泛的一种激励机制。因为在当前的社会，人们需要承受来自社会和家庭各个方面的压力，人们对物质的需求和金钱的渴望更加迫切，对每一份工作的价值定位最基本的一点就是它的薪资待遇问题。所以物质激励是一种最直接、最简单、最快速的激励方法。

管理者应该将这种物质奖励法作为一个重点使用的激励方法，对于那些物质相对匮乏的员工来说这一方法更是最有效的。只有这样才能留住员工，使员工心甘情愿地为公司的长远发展贡献自己的力量。

4. 重用激励法

古人云："人尽其才，物尽其用。"说的就是在用人方面要将人才放在合适的位置，使其发挥出自己最大的潜能，这是重用人才必不可少的一个准则。对于管理者来说，最为关键的就是要学会这种重用人才的激励法，激励员工去创造出更大的价值。

5. 激将激励法

常言道："树怕剥皮，人怕激气。"这句话说出了激将法在生活中的重大作用。

人一般都有很强的自尊心和求胜心，一旦你从对方很在意的一个点出发对对方进行激励的话，对方往往会在这种激励下作出很大的举动和改变。历史上有很多的故事就是通过激将法实现的。比如韩信的背水一战、项羽的破釜沉舟等都是依靠激将激励法实现的。

对于员工来说，如果管理者能够恰当地运用激将法去激励员工，就很有可能将员工的斗志和士气激发出来，从而发挥极大的创造力和主动性，为企业作出巨大的贡献。

6. 培训激励法

培训激励的突出特点是为员工提供培训的机会和条件，提高员工素质，激发员工更高的创造力。比如，拥有10万名员工的丰田公司，其快速发展与高素质、稳定的员工队伍和完善的员工培训密不可分。加入丰田公司的新员工要经历9个月的培训，管理和技术人员每3～5年要培训一次。在中国的多数外资企业实行“每年送10%～15%关键岗位专业技术员工或管理员工出国考察、进修、短期培训”的制度吸引和激励着员工。近年来，国内少数知名的大企业也实行了类似的培训制度以激励员工，但普遍不规范，还未制度化、公开化。因此，中国企业对员工的管理应加强培训激励的内容。

7. **升职激励法**

就像一潭死水得不到人们的青睐一样，一个没有任何晋升和拓展空间的职位同样得不到员工的忠诚和热忱。每个人都希望通过自己的努力和坚持在自己的岗位上有所突破，有所进步，得到一个晋升的机会。

所以对于管理者来说，可以根据员工的这个心理把升职作为诱发他们不断进步和工作的一种手段，通过升职激励法，不断地激励员工为企业创造财富。

升职激励法就是在员工原有的工作岗位上，再给他提供一个上升的空间和职位，并且给他增加一些相关的权力和利益。

升职激励法是管理者针对一些可塑性人才所普遍采用的一种激励方法，它不仅可以增强员工的自我价值感和满足感，还有利于激发自身的潜能和力量，最重要的是能够为企业的长远发展注入强大的活力和动力。所以这种激励制度对于一家企业的发展壮大有很重大的意义。

8. **情感激励法**

人都是感情动物，真情往往能够打动人，也可以消除双方的隔膜，拉近彼此的距离。所以对于管理者来说，可以通过感情激励的方法去鼓舞员工，实现双方关系的和谐发展。

感情激励法是说管理者通过对员工的精神关注和心灵关怀使员工心存感激，从而为公司贡献自己的力量。这就要求管理者在团队管理中要处理好企业与员工之间的关系，增加彼此之间的情感交流和思想共鸣，关心员工的心理健康和精神生活。

当员工自己或者家庭出现困难和麻烦的时候，管理者应该给予员工关心和鼓励，甚至代表企业给予对方物质或者精神上的帮助；当员工在工作中遇到困难和惹出麻烦时，管理者应该及时地给予鼓励，而不是苛刻地指责。即便是批评也要注意自己的说话分寸和方式，尽量用温和的语气说话，使员工深切地感受到来自企业的关心和关怀。

9. **荣誉激励法**

对有突出表现或贡献的员工，对长期以来一直在为公司奉献的员工，毫不吝啬地授予一些头衔、荣誉，换来员工的认同感，从而激励员工的干劲。

每个人都对归属感及成就感充满渴望，都希望自己的工作富有意义。荣誉从来都是人们激情的催化剂。拿破仑“为法兰西而战!”的名句更使他的军队所向披靡。

10. **危机激励法**

在企业中，管理者应当不断地向员工灌输危机观念，这样做可以让他们明白公司所处的情况是非常危险的，而公司与他们的生活和工作是密切相关的。

无论是哪个企业，在发展的过程中都会遇到危机。正因为如此，比尔·盖茨才会不断地告诫他的员工：微软永远离破产只有18个月！任正非才会警告：华为的冬天很快就要来临！纵使管理者这样说，很多员工仍然无法感受这种危机，所以一定要不断灌输，只有这样才能使员工树立危机意识，奋发向上，为企业谋利。

11. **变惩罚为激励**

在公司员工犯错误的时候，管理者应当找机会与他沟通，将员工当做自己的朋友，这样就会使员工感觉自己得到了保护和尊重，此时，员工就会勇于承担错误，接受惩罚，不断提高工作质量，更加尽心尽力。

很多企业对于那些犯错误的员工往往是批评或者是惩罚。纵然处罚有公平性，但其无法真正解决问题，严重的话，还会产生可怕的后果，导致人员逐渐流失。沟通可以激励员工，取得好的效果。

三、下属激励的“80/20法则”

在19世纪末20世纪初，意大利经济学家帕累托发明了“80/20法则”，它又称为二八定律或帕累托定律。在他看来，在任何一组东西中，最重要的只占其中一小部分，约20%，而其余80%占大多数，但却是次要的。

“80/20 的法则”认为：原因和结果、投入和产出、努力和报酬之间本来存在着无法解释的不平衡。一般来说，投入和努力可以分为两种不同的类型：第一，多数，它们只能造成少许的影响；第二，少数，它们造成主要的、重大的影响。

一般情形下，产出或报酬是由少数的原因、投入和努力所产生的。原因与结果、投入与产出，或努力与报酬之间的关系往往是不平衡的。若以数学方式测量这个不平衡，得到的基准线是一个 80/20 关系；结果、产出或报酬的 80% 取决于 20% 的原因、投入或努力。举例来说，世界上大约 80% 的资源，是由世界上 15% 的人口所耗尽的；世界财富的 80%，为 25% 的人所拥有；在一个国家的医疗体系中，20% 的人口与 20% 的疾病，会消耗 80% 的医疗资源。凡是认真看待 80/20 法则的人，都会从中得到有用的认识，有时甚至因而改变命运。

通过长时期的研究，帕累托发现：社会上 20% 的人占有 80% 的社会财富，这说明财富在人口中的分配是不平衡的。同时，人们还发现生活中存在许多不平衡的现象。因此，“80/20 法则”是这种不平等关系的简称，不管结果是不是恰好为 80% 和 20%。这已经成为人们的一种习惯。

对于这个发现，不同的人有不同的称呼，如巴莱多定律、二八定律、最省力的法则、不平衡原则……如今人们所使用的“80/20 法则”，往往用以计量投入和产出之间可能存在的关系。

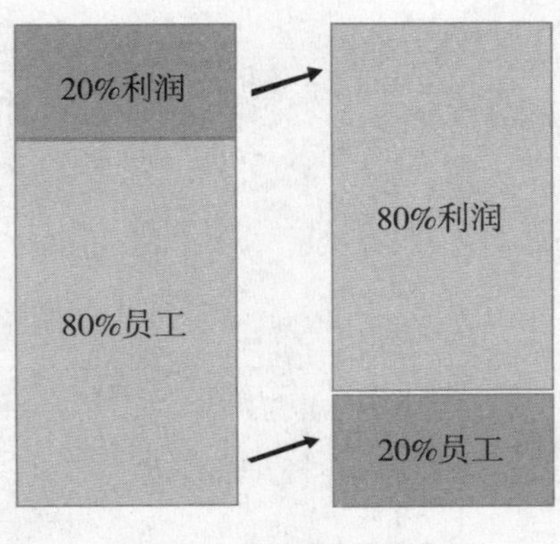

图 6　“80/20 法则”

下属激励的“80/20法则”也符合上述理论，见图6：

（1）80%的员工在激励之后工作激情明显得到提升，20%的员工变化不大；

（2）管理者80%的时间用正激励，20%的时间用负激励；

（3）管理者80%的激励用非物质激励，20%用物质激励；

（4）80%的物质激励用在最重要的20%员工身上。

卓越中层的管理法则 *15*：下属有什么样的工作激情，取决于你用什么样的激励手段。

第九章
情绪管理与自我减压

面对越来越激烈的市场竞争，越来越多的人感到空前巨大的压力，这种压力感让人有一种身心俱疲的感觉。因此有些人就容易陷入一种钻牛角尖，甚至纠结疯狂的境地，这样的情况不仅不利于身体健康，还给自己的精神和心灵造成一种伤害。所以，作为中层经理要学会情绪管理和自我减压的方法。

第一节　抗压与解压

一、对上要抗压，对下要解压

作为一名中层经理，在公司或者企业里需要同时面对上级和下级的双重压力，如果处理不当，难免会出现很多的状况。这样的人，他们往往担心自己，担心部下，担心上司。担心自己能力够不够，会不会被替代；担心部下能不能完成任务，会不会添麻烦；担心上司会不会怪罪自己的失误……这些问题一直困扰着很多的中层经理，那么，究竟要怎么处理上级和下级的压力才是合理的呢?

孔子曾说，一个君子应该是不忧不惧的，只要问心无愧，就可以了。到底怎么做，才能称得上问心无愧呢?

上级给的所有工作，都承接下来，一个人来完成吗?还是把上级下达的全部工作都分配给你的下属来完成，而自己闲着呢?让我们来看下面一个案例，看案例中的人物是如何去应对这种双重压力的。

小七的朋友陈南是某咖啡店的大堂经理，陈南在自己的职位上做得非常优秀，让小七很是羡慕。陈南的工作并不轻松，但是陈南做得却很轻松，工作上的事情处理得井井有条，分配合理，完成及时且和员工的关系融洽。他的部下都说和陈南一起工作是一种享受，工作过程非常愉快。同时因为工作每次都能够及时完成，所以也很受老板的器重。问及他成功的秘诀时，陈南非常乐观地笑笑，于是他介绍了自己的一套工作方式。

首先，把每天的工作列一张详细的清单。老板每天都会布置很多工作下来，这就要求管理者把老板的工作罗列出来，进行归类整理，分出轻重缓急，然后再一件一件地去做，每当完成一件，就在清单上划去一件。大局在手，一件一件地处理，自然就没有什么压力了。

其次，要善于分配任务。很多事情，其实并不需要亲力亲为。这个时候，就要求你把工作分配出去，并尽量想办法让下属在规定的时间内完成。显然，这样会减轻自己的压力。

最后，就是注意调节员工的工作难度、强度，不能给员工太大的压力。上级有工作分配给你，这就要求你和你的团队通力配合。适当的压力会使得你的员工工作积极性提高，且效率提高；但压力过大，会让员工产生负面情绪，产生抵触心理，影响团队的凝聚力，影响团队的合作。所以你在给员工分配工作的时候，要和他们保持及时沟通，以确保当他们有一些压力时你可以帮他们解决，也可以通过这样的方式，体会到你对他们的关心，自动排解压力，从而能够更快更好地完成工作任务。

通过上述的例子，你是否明白了作为一位中层经理应该怎样处理双重压力？陈南的例子很好地说明了，当中层经理在面对上级和下级给予自己压力的时候，应该采取对上抗压、对下解压的工作方法，才能很好地处理压力，完成工作任务。

管理者需要把每天的工作进行详细的整理，并分出轻重缓急，把看似无绪的一堆问题分解成若干具体的小事，有选择地而不是被动地接受所面临的各种事情；然后，再把分类好的工作进行分配，把不需要自己亲自动手的工作分给你的下属或者你的同事；另外就是多去关注一下你下属的工作状态，确保他们的工作压力没有超过他们的承受范围，确保出现问题或者压力过大的时候，你能够及时给予帮助，协助解决，让下属对你产生信赖，从而更有利于工作的开展。

通过以上的方式进行合理的分工合作，在减轻了每个人压力的同时，又完成了工作，这就是陈南的成功之处。

除了上面提到的方法，中层经理还可以学习掌握其他一些处理压力的方法。比如平时多注意处理好和上下级的关系，这样有利于相互配合，对于工作产生的压力可以通过倾诉进行排解等。建议管理者尽量做到每日的工作每日完成，能在当下就完成的工作，就不要拖到几个小时之后，因为很多事情堆在一起没有处理，这本身就是一种巨大的心理压力。

所以管理者在工作过程中，学会掌握对上抗压、对下解压的处理方法，才能够很好地完成任务，实现工作目标。

二、多角度分析，不钻牛角尖

在压力越来越大的今天，对于中层经理来说应该学会积极、有效地给自己减压，不要钻牛角尖，换个角度从其他方面进行思考，那么就很容易使自己摆脱压力，用一种乐观愉快的心情去生活和工作。

那么，究竟怎样做才能不钻牛角尖呢？

首先管理者需要有一个良好的心态，能够用一种乐观的心态去面对来自工作的压力。

其次就是要学会多角度思考问题，不要局限于一种思维模式。大多数人一旦钻牛角尖就很容易走进死胡同，且越陷越深。

最后就是要经常与他人进行沟通，从他人的倾听和劝慰中找到一种发泄，进而通过别人的建议进行全面的思考，给自己减压。

高萌是一家外企的高层主管，在竞争激烈的外企，他感到了空前的压力和疲惫。每天上班看到繁重的公务他就觉得身心俱疲，但是为了高额的薪资待遇他必须承担这些压力和劳累。

最近，公司里要进行一次规模较大的人事调动，调动的对象就是高层管理，主要是因为公司认为高层管理人员太多，需要进行一些裁减。

但是具体的人员名单还没有出来，高萌原本以为靠着自己深厚的人脉资源可以打听出来一点消息，但是结果并没有他想象得如此简单。上级领导把这次调动人员名单保护得特别隐秘，没有人可以提前探听出来任何消息。

这下高萌可急坏了，他压力非常大，老是担心自己有可能被裁掉，于是天天心神不宁的，甚至连睡觉的时候都会梦到自己被裁掉了。他还钻牛角尖，担心要是自己被裁掉了，是继续留下来做一名普通职员还是另谋高就……

然而最终的结果是他幸运地保住了自己原本的职位，没有任何调动。回想起来最近几天在压力下的煎熬，高萌长呼一口气。

经过这次事件，高萌深切地体会到给自己减压的重要性。他认为有时候过度地夸大压力其实只是庸人自扰，就像自己这次一样，一直想着自己会被裁掉，导致自己走进了死胡同，越陷越深，压力随之增大。

于是他告诉自己在以后的工作中一定要换个角度多思考一些问题，不要钻牛角尖，否则自己很容易陷进死胡同中，不仅不会减压，反而会使自己的压力急剧膨胀。他还告诉自己的团队成员，每当自己压力很大的时候，要学会转换自己的思维，不要使自己的大脑僵化甚至进入一个死胡同中，只有这样才能始终怀着愉快和轻松的心情去工作。

通过这种更换角度分析和不钻牛角尖的思维模式，高萌带领自己的团队很快就走出了压力的阴影，投入到轻松自如的工作中，并做出了很大的成效。

俗话说："遇事不钻牛角尖，心也舒坦，人也舒坦。"可见爱钻牛角尖是一种多么不好的心态和思维。故事中的高萌一直担心自己被裁掉，精神过度紧张，导致压力猛增。不过后来经过这次教训，他渐渐地开始学会多角度思考问题，不再钻牛角尖而使自己陷得更深，使压力逐渐得到了缓解，甚至还带动了整个团队的工作热情。

从这个案例中我们可以得出这样一个结论，那就是作为中层管理人员，不能过于固执地坚守着自己的立场和想法，要学会积极主动地给自己减压，遇事要多换几个角度考虑。只有这样自己才不至于走进死胡同，带领的整个团队也会很快地得到减压，提高工作效率。

三、掌控主动权，避免被动性压力

中层经理要面对很多的压力，有来自高层领导的，高层领导会把任务量施加给中层领导；有来自工作岗位本身的压力，每天都需要处理很多事情；也有来自团队的压力，团队的人员协调等。总之，压力无处不在。既然不能避免，只能改变对待压力的态度。

有人说压力就是动力，有压力才有一种紧迫感，那是不是所有的压力都是动力呢？并不是这样的，当别人要求自己做什么事情，或者要求自己把一件事情做到某种程度时，自己就会有一种很大的精神上的压力，这种外界施加的压力很容易变成抵抗的情绪，所以并不利于目标的完成。与其被动地承受压力，不如自己掌握主动权，把别人给自己的压力主动转化成努力的目标。因为自己给自己的压力会有一种强烈想要完成的愿望，所以也就能真正地转化成动力。

每个人都有这样的经验，当家长要求自己考试一定要考到 90 分的时候，就会把这个压力看成是大山一样，压得自己喘不过气来，甚至开始想如果没有达到这个成绩会怎么样呢？然后开始想象各种严重的后果来吓自己。如果是自己给自己定了一个目标，就会不一样，会把这当成是努力的动力，然后认真地去实现，而这样实现的可能性也更大。

把被动承受压力变为主动的动力是让自己的压力化小的一种办法。中层经理也可以这样来化解自己的压力，带领团队更好地完成工作。

宋建是一家品牌电子公司的部门经理。上任不到半年，宋建已经疲惫不堪。这天，宋建见到了朋友，就开始向朋友诉苦："本想着职务升高了，自己可以发挥更大的能力，没想到，压力也随着职务的升高而升高了。"

朋友："你看上去精神很不好，看来压力是很大呀。"

宋建："别提了，现在我做梦都是工作，每天工作的时间超过 10 个小时，在公司加班不说，就连把工作带回家做也成了家常便饭。你也知道，我们公司的产品更新换代快，通常是我正在了解最近的产品时，明天就又出现了新的产品，永远在追着市场跑，每天都处在紧张的状态中，唯恐自己有什么地方没有做好，害怕老板不满意，害怕客户不满意。每天要面对各种各样的顾客，每种顾客都要用不同的方法应对，稍有疏忽说不定就失去了一个顾客。你说我压力能不大吗？"

朋友："你这样下去可不行，一定要想办法改善，你不能让工作带着你跑，你要带着工作跑，只有这样你才能缓解压力，才能把工作做得有条不紊。”

听了朋友的话之后，宋建开始改变工作方法。首先他为自己每周安排一个固定的时间去学习行业内最新的信息和发展趋势。这样就不用被动地追着市场跑了，每次只需要抽出几个小时的时间，这样大大地提高了自己的信息量，工作起来就不会再像以前那么被动了。

然后开始给自己遇到的顾客做类型分析，把每天遇到的顾客分成几类，再把应对各种客户的方法总结分类，这样就能在下次遇到同类型的顾客时能从大脑中调出相应的应对方法。这样做之后，宋建不再觉得一片混乱，思路清晰多了。

从被动地接受到主动地学习，领先一步去工作，宋建发现自己工作起来轻松多了，也不再感到烦躁和压抑。现在宋建还能抽出很多时间做自己喜欢的事情。

相信类似宋建的压力很多中层经理都遇见过，也让很多的中层经理头疼不已，好像工作成了每天最重要也最烦恼的事情。就像宋建朋友说的那样，以这样的状态工作下去，不仅工作做得不好，就连自己也会被烦琐的工作压垮。

在宋建没有改变工作方法以前，看上去的确一片混乱，好像有永远也做不完的工作。但是，我们不难发现宋建改变了工作方法之后，工作内容与以前的一样，但是他的状态却改变了很多，不仅能花费比以前少的工作时间，还能把工作安排得井井有条，这就是掌握主动权，避免被动地承受压力的结果。

宋建的例子很典型，中层经理可以借鉴他的方法来改变自己的工作状态，不是工作太烦琐，是自己的方法有问题；不是压力太大，是自己承受压力的方式不对。所以，变被动为主动，事事领先一步行动，结果就大不一样。

卓越中层的管理法则 *16*：快乐是生活的主题，所有的烦恼、误解甚至无情打击都是插曲。中层干部要管理好下属，首先要管理好自己的情绪。

第二节 工作中的情绪处理能力

一、善于发现事物美好的一面

中层经理要有一双敏锐的眼睛，善于发现事物美好的一面，做到独具慧眼。

上帝给每个人的东西，都不是太多，甚至是少之又少。它只给了牛顿一个苹果，给了迪士尼一只老鼠。只要你有心，你就会惊喜地发现上帝的馈赠是多么丰厚。不要抱怨上帝的不公平，如果没有人来发现你，你就自己发现自己吧！在遇到糟糕的事情时，独具慧眼，你就能看到不一样的独到之处，收获一份快乐的人生。

彼得拿着刚买的一支牛奶冰激凌，一边走一边吃，感到十分快乐。一不小心，整支冰激凌掉在了地上，和泥沙混在一起。

彼得愣愣地呆在那里，一句也说不出来，只是睁大了眼睛看着地上的冰激凌。

这时，有个老太太走过来，对彼得说："好吧，既然你碰到这样坏的遭遇，脱下鞋子，我给你看一件有意思的事情！"

老太太说："用脚踩冰激凌，重重地踩，看冰激凌从你脚趾缝隙中冒出来。"彼得照着她的话去做。

老太太高兴地笑："我敢打赌，这里没有一个孩子尝过脚踩冰激凌的滋味！现在跑回家去，把这有趣的经验告诉你妈妈。"

接着，老太太说："要记住！不管遭遇什么，你总可以在其中找到乐趣！"

这件事，使彼得很受启发，他很快学会了这种处世原则。

不久后的一天午后，一场大雨在地面上形成一洼洼的小水坑。彼得的妈妈带着他，小心翼翼地避开人行道上的积水。不料，一辆计程车从身边疾驶而过，将两人的身上溅满了泥水。

彼得的母亲很生气，旁边的彼得却兴奋地对妈妈说："遇水则发，我们要发了。"

正在生气的母亲听到这样可爱的童言稚语，也不禁莞尔一笑，两人快快乐乐地踩着积水回家了。

生活中的我们不可能一帆风顺，总会遇到一些糟糕的事情，我们不能改变一件已经发生的事情，但是可以选择快乐地对待它。独具慧眼，就是无论你遭遇多大的挫折时，你都能够在其中发现乐趣。

因为有一双慧眼，牛顿接住了上帝掷过来的那个苹果，并且发现了万有引力；因为有一双慧眼，迪士尼用一只老鼠创造了一个乐园。你也一样，或许你没有别人英俊潇洒，但你可能身强体壮；你虽然不会琴棋书画，但你可能思维敏捷、逻辑清晰……上帝不会给人全部，但他绝对不会亏待你，所以你一定要做自己的伯乐，发掘自己的潜能。

在玛格丽特满 17 岁的时候，她开始确立了自己的人生追求——从政。然而在那个时候，进入英国政坛要有一定的党派背景。她出生于保守党派氛围的家庭，要想从政，还必须要有正式的保守党关系，而当时的牛津大学就是保守党员最大俱乐部的所在地。因此，她选择了自己比较感兴趣、竞争相对又不太激烈的牛津大学化学专业作为自己主攻的方向。

有一天，她终于勇敢地走进校长吉利斯小姐的办公室说："吉利斯小姐，我想现在就去考牛津大学的萨默维尔学院。"女校长感到难以置信，大声说："什么？你是不是欠缺考虑？你现在连一节课的拉丁语都没学过，怎么去考牛津？""拉丁语我可以自己学习！""你才 17 岁，而且你还差一年才能毕业，你必须毕业后再考虑这件事。""我可以申请跳级！""绝对不可能，而且，我也不会同意。""你在阻挠我的理想！"玛格丽特头也不回地冲出校长办公室。后来她获得了父亲的支持，开始了艰苦的复习、学习备考工作。在她提前几个月得到了高年级学校的合格证书后，就参加了大学考试并如愿以偿地收到了牛津大学萨默维尔学院的入学通知书。上大学时，学校要求学5年的拉丁文课程。她凭着自己顽强的毅力，在1年内全部学完了，而且通过考试并取得了相当优异的成绩。其实，玛格丽特不仅仅是学业上出类拔萃，她在体育、音乐、演讲及学校活动方面也颇富才艺。所以，她的校长这样评价她："她无疑是我们建校以来最优秀的学生，她总是雄心勃勃，每件事情都做得很出色。"

40多年以后，这个当年对人生理想不懈追求的女孩终于如愿以偿，成为英国乃至整个欧洲政坛上一颗耀眼的明星，她就是玛格丽特·撒切尔夫人，连续4年当选保守党党魁，并于1979年成为英国第一位女首相，雄踞政坛长达11年之久，被世界政坛誉为"铁娘子"。

撒切尔夫人正是坚信自己的潜能，相信自己具有独一无二的优势，所以才能不畏他人的质疑和阻挠，为自己的目标不懈努力，最终得以成功。可见，只有保持一双慧眼，只有做自己的伯乐，学会发掘自我，相信自我，努力实现自我，人生方能无憾。

"如果事情不是这样，那么它就是那样……总会发生点什么。"对于那些没有一双慧眼认识到自己的人来说，会一直过着平淡、普通、痛苦的生活。独具慧眼，你才能发现不一样的自己，从而做自己的伯乐，走向成功。

因此，作为中层经理，应该独具慧眼，善于发现事物美好的一面。

二、珍惜拥有，少琢磨"未得"

人性，是个很现实的东西，它对自己没有得到的孜孜以求，大有不达目的誓不罢休的势头，对已经拥有的却漠然视之，一旦自己的拥有得而复失时，才大梦初醒般地倍感其珍贵。然而，往往到了彼时，即使是如丧考妣状地捶胸顿足，也是无济于事了，因为失去、消失和破碎，在这个时候，已经覆水难收。拥有时，极少有人去用心珍惜，失去后，才知可贵又有何益？

不是吗？拥有着健康，有几人会注意保重身体，在人们的潜意识中，我们身体的所有器官都正常运转，无须担心；拥有着青春，有几人会惜时如金，在人们的观念中，时间就像取之不尽的海洋，随用随拿；拥有着亲情，有几人会真心感恩，在人们的眼中，那份浓情只是生活的常态，理所当然；拥有着爱情，有几人会善加呵护，在人们的梦想中，“我还应该怀抱更完美的情人，这才叫追求”；拥有着成功，有几人会勤思反省，在人们的习惯中，自己仿佛是天之骄子，何来担心……

事实上，病体恹恹总是极有可能，年轻不再更是生命必然，亲人离逝是自然规律，爱消情绝也是前车之鉴，盛极必衰是客观规律，人生曲折才是世之常理……等到我们引以为傲的所有人生资源都消失殆尽时，我们还拥有什么？

读过一篇叫做《自杀俱乐部》的荒诞派小说，小说中有个专为准备自杀的人服务的俱乐部，准备自杀的人可以在这里享受到人间的全部快乐。两个本不相识的青年男女自杀前在俱乐部里相遇，他们在享受快乐的过程中相爱了。可惜的是，就在他们都认识到自杀的决定极其愚蠢，并准备继续活下去的时候，毒气已经放了出来，等待他们的只有死亡。在死亡到来的一瞬间，虽然生命的真谛都灵光凸显地被参透，但残酷的现实却又明白无误地提示着，尽管已然大彻大悟，却已为时过晚，回天无力就是此种心境的最好写真。

其实，小说中主人公的感受，何尝不是现实中很多人生命轨迹的清晰再现。到底是哪个地方出了错，让我们冷待“既得”，却妄求虚无的“未得”？

从心理的层面分析，原因无非有三：首先是企图心特有的永不满足，它在天然地具备催人奋进的正面意义的同时，也常常会使心态处于失衡状态；其次是人们通常习惯于刻意发现“既得”的缺点，而在幻想中把“未得”的优点无限地放大；最后是人类更愿意享受天生的征服欲和占有欲所带来的心理快感，而这种欲望其实本非必不可缺的需要，占有只是为了满足自己的心理感觉。

正是在这种心理的控制之下，人们不再珍惜碗里既得的生命元素，而是拼命地盯着锅里的精神寄托。虽然说这是人性固有的选择，问题是一味地强化自己的这种心理要求，很有可能是碗里的饭菜因长时间的不珍惜不摄取，会因悄然变质而不得不放弃；而锅里的寄托由于本不属于你，你也无力且无资格获取，这才是最悲哀的。

曾有一个心理疾病患者，她发病的原因始于感情困惑。她本有深爱她的男友，然而对爱抱有完美主义态度的她，却始终对这份爱若即若离，她在希望中等待童话般的白马王子出现。直到有一天，她发现爱她的男友才是她的真命天子，想去收获那份本该得到的爱情时，却发现，男友早已因她的冷漠，把爱的橄榄枝递给了另一个对他钟情有加的女孩。就是在这种残酷的打击下，她的心理近乎崩溃了，不得不辗转求医治疗心中的创口。可笑吗？不，是可悲！其实人生哪里有绝对的完美，盲目地甚至疯狂地去追求并不现实的理想，到头来只会一无所有。

当然恰如水中月又似镜中花的完美，也不是不可以作为精神上的调剂，但是只能将此作为一种心灵的按摩，切不可当成永久的寄托。要知道，有些梦想永远只是可望而不可即的，“众里寻他千百度”又能如何，“蓦然回首”之后，你会发现，很多情况下“那人却在灯火阑珊处”，因此，过分沉浸其中，那种心灵寄托与客观现实的反差，到头来只会让自己徒增感伤！

也许，一笔利润丰厚的生意订单被竞争对手抢先，可这绝不意味你的彻底失败，不是还有一群理解你的朋友吗？也许，一个可能的升职机会没有垂青于你，可这绝不代表世界末日的到来，不是还有一个幸福的家吗？也许一个朝思暮想的女孩儿没有青睐于你，可这绝不表示你会缺爱少情，不是还有关心你的家人吗？把所有美好的拥有当成自己的财富去珍惜，甚至把生活给你的伤害，也当成一种另类的收获去感恩，并心境平和地享受这一切，你会发现，我们就是生命的成功者。有道是天道轮回彰显公平，有得必有所失，珍惜现在的拥有，比其他一切都来得更加重要！作为一名优秀的中层经理，一定要珍惜现在的拥有。

三、调整期望值，降低心理欲望

2006 年 5 月 28 日，年仅 25 岁的华为员工胡新宇因过度劳累而死亡。一石激起千层浪，“过劳死”这个词开始频繁地出现在人们的生活中，也让很多人开始反思自己的生活，关注自己的身心健康。但是，紧张的工作、现实的压力，让很多人在担心、害怕一段时间后，又恢复了以往忙碌的生活，甚至比以前更忙。于是，“过劳”继续侵蚀着人们的健康，并且变本加厉。

在医学上，“过劳死”属于慢性疲劳综合征，是超负荷工作导致的过度劳累所诱发的未老先衰、猝然死亡的生命现象。日本“过劳死”预防协会认为，一旦有下述表现，你可能已经身陷“过劳”之中：

（1）过早地挺起“将军肚”。30～50岁就大腹便便，出现高血脂、高血压等。

（2）脱发乃至早秃。每次洗澡都会掉许多头发，提示压力大，精神紧张。

（3）性能力下降。人到中年，男子阳痿或性欲减退，女子过早闭经，都是健康衰退的第一信号。

（4）记忆力减退，甚至忘记熟人的名字。

（5）精力很难集中。

（6）睡着的时间越来越短，睡醒仍感疲乏。

（7）头痛、耳鸣、目眩。

（8）经常后悔，情绪易波动，易怒、烦躁、悲观，且难以控制。

（9）经常爱上厕所，小便频繁，尤其是面临突发事件时。

现在社会上受到“过劳死”威胁的主要是记者、企业家和科研人员。

据调查，目前新闻工作者中有79%死于40～60岁，平均死亡年龄45.7岁。此外，中科院的调查显示，科研人员的平均死亡年龄在52.23岁，15.6%死于35～54岁。而一项对中国3539位企业家的调查显示，90%表示工作压力大，76%认为工作状态紧张，25%患有与紧张有关的疾病，而上海、北京、广州三地的企业高管慢性疲劳综合征罹患率最高。

在效率就是生命的大时代中，人们以“工作奴隶”的形象出现在职场，为了成绩、为了加薪、为了保住工作岗位，每个人都在拼命。

诸多生活压力，让男人们每天十几个小时在外，三五个小时在床，成为名副其实的工作机器。而诸多就业歧视与潜在的失业危机迫使女人忙得不像女人。我们干着工作，加着班，劳碌之外很少能想到生活本来的颜色。

其实，面对死亡的最大意义在于启示，为了我们自己和身边的每个人都能像正常人一样生活，从现在开始，中层管理者不妨让生活的脚步慢下来，培养一种淡泊自足的心态，调整自己的期望值，降低心理欲望，不要太执着于名利、物质，太执着于一些外在的虚无，而应多关注一下自我，多关注一些周围的美丽风景，这样你的生活才会更加轻松。

第三节　理清感受，界定“压力源”

一、面对当前的压力，必须要做些什么

现代社会中日益增加的压力是人们身心疾病发生的根源。当人们遇上压力时，最初的反应便是迎击或逃避。事实上在与压力针锋相对的斗争中，人的身心往往也会受到伤害。因此，对于压力的有效管理是现代中层经理应该密切关注的问题。

1. 学会自我调节

学会自我调节，放松自己的心情。比如，你可以积极参加各种体育活动，下班到家中泡泡热水澡，与家人和朋友在一起聊聊天，还可以利用各种方式宣泄自己压抑的情绪等。另外，在工作中也可以进行放松，比如边工作边听音乐、与同事开开玩笑、在办公室里适当活动、可以开窗远眺、做一做深呼吸等。

2. 生活要有规律

合理安排自己的工作和生活，做到生活有规律。要劳逸结合，应该注意保证睡眠时间和饮食规律，在工作之余给自己留点时间，做些自己感兴趣的事情，如打球、钓鱼、书法、绘画、音乐、烹饪、郊游等，都能使你紧张工作的大脑松弛下来，这能使你在下一个工作单元中保持较高的工作效率。

3. 制定合理的目标

在制定个人目标时一定要根据个人的自身特点，因为每个人都有稳步发展的长处和短处，在选择目标时要注意扬长避短。另外，还要考虑到客观条件是否具备，这就像盖房，仅仅有设计蓝图（理想）还不行，还应该有砖、水泥、钢筋等建筑材料（能力、机会等），如果建筑材料有限时，去盖摩天大楼，就必然会半途而废，永远达不到目标。

4. **处理好工作中的问题**

很多中层之所以精神高度紧张，一方面是由工作量过大、超过人体负荷引起的；另一方面也与个体自身处理问题的态度和方法有关。如众多中层单纯地认为只有拼命工作，才能获得加薪、晋升；还有的人对工作缺乏足够的信心，常常担心自己失业，或者被别人超过等。在工作方法上也有若干问题，比如工作不分轻重缓急，事无巨细，工作效率低下等。对这些问题人们应该学会应用统筹的方法，以提高工作效率，在工作和生活上，应该有明确的界限，下班后就应该充分休息，而不应该还考虑工作，以保持平衡的心态。

5. **要学会调整目标**

如果条件不具备，通过多方面的努力仍不能达到目标，那么你应该分析一下这个目标对于你是否合适。如果不合适，再努力下去只能是失败，这时你可以说一句“我尽力了”，适时地转移方向，重新设立目标。

6. **进行放松训练**

所谓的放松训练，就是通过一系列的心理训练使自己学会在遇到压力而感到紧张的时候，通过放松来控制自己，从而消除或者减轻紧张反应。与酒精或者镇静剂获得的松弛状态不同，这些训练导致的松弛状态是持久、有益的，是通过自身努力形成的，因此很容易形成对环境的控制感，而这种内部控制对环境压力所造成的紧张是非常重要的。

7. **要去看心理医生**

当你的压力过大时，你可以去寻求心理医生。如果你不能有效地调整自己的生活，心理医生通过心理治疗及药物治疗，能帮助你减轻痛苦，缩短痛苦时间，修正心理上的偏差，发挥你的潜力，重新寻求事业的成功。

二、厘清最期望实现的目标

目标是一个人行动的指南针。做事找准目标，才能够有效率，才能够把需要做的事情做好。有目标的人是在为效率、为美好的结果而忙，没目标的人只会越忙越乱。

在《爱丽斯漫游仙境》中，小爱丽斯问小猫咪：“请你告诉我，我应该走哪条路呢?”

猫咪说:“这在很大程度上看你要去什么地方。”

“去哪我都无所谓。”爱丽斯说。

“那么你走哪条路都可以。”猫咪回答道。

“这……那么，只要能到达某个地方就可以了。”爱丽斯补充道。

“亲爱的爱丽斯，只要你一直走下去，肯定会到达那里的。”

现实中，像爱丽斯那样去哪里都无所谓的大有人在。他们在工作中标榜努力工作，勤奋学习，但却从来没有一个工作目标，更谈不上职业规划。他们机械地工作，一刻不停地忙碌着，却永远也忙不到点子上——由于缺乏目标，他们把大量的时间和精力浪费在一些无用的事情上了。

任何行动一定要有目标，一个人如果没有目标，他就不可能有明确的行动，更不可能获得自己想要的结果。只有在行动之前，确定明确的目标，我们才能减少干扰，把精力放在最重要的事情上。一个高效能的工作者每天进办公室的第一件事，就应该为自己定一个清晰可行的目标和计划，让自己有能力集中精力完成自己想完成的事情。

世界一流的效率提升大师博恩·崔西说:“做事有目标是提升效率的关键。高效工作的首要前提就是制定一套明确、具体而且可以衡量的目标和计划。”现实生活中，我们发现那些做事高效的人始终会将目光集中在他们的目标上。

奥林匹克运动会十项全能金牌获得者詹姆斯·卡特为了实现自己的目标，用运动器械装备了整个寓所，以便每天提醒他去实现自己的目标。他将十项全能每个项目的器械放在他不训练时也能够看到的地方，跨高栏是他最差的一项，他就将一个栏放在起居室的正中央，每天必须跨越30次；他的制门器是个铅球；杠铃就放在室外廊檐下；跳高用的竿子和标枪在沙发后竖立着；壁橱里放着他的运动制服、棉织套服和跑鞋。詹姆斯说这种不寻常的陈设在他准备奥运会夺冠的过程中，帮助他改善了竞技状态。

每个人都有自己所期望的目标，如果你想让自己的工作卓有成效，也应当像詹姆斯·卡特那样在工作前先为自己设定一个明确的目标，并创建一种经常提醒自己的方式。这样，你的目标和计划就常常出现在你的眼前，帮助你始终将注意力放在那些最重要的事情上面。

三、最期望哪种愉悦体验

1. 旅游减压

如今，尤其是在都市里，经常可以听到很多中层这样说：最近工作非常忙，弄得我精神极为紧张，我想忙完了出去旅游，放松放松。你也许也是这样想的吧。

在竞争日益激烈、科技迅猛前进的现代社会中，许多中层在生活和工作中都积压了不少的压力。这时他们就想到旅游，将旅游作为一种减轻和消除压力、放松调节身心的方法。

通过旅游，你可以远离钢筋混凝土的城市，与自然进行一下身心交流。你可以独自一个人在山上、海边或者宁静的湖畔待上一整天，远离现代文明，让精神得到松弛。

很多中层已经充分认识到大自然风光对人的心理有着积极的作用。你在观赏自然风光，呼吸清新空气的同时，既可以使你心旷神怡，又可以摆脱工作与生活中的压力，促进身心健康。当你漫步在碧波荡漾的湖畔，会感到心情宁静；面对波涛滚滚的大海，会想到迎风击浪：登上高耸入云的山峰，会激励你勇往直前。在大自然美景的熏陶下，你会消除忧愁与烦恼，情绪得到改善，来自现实生活的压力自然而然也减轻或者消除了。

此外，旅游本身还具有审美和社会交往的作用，旅游中蕴藏丰富的文化知识。人们在旅游过程中有益身心的活动都能满足人们的精神需求。人们在游山玩水的过程中，自然风光、人文景观、民俗风情等赏心悦目的审美活动，使人们获得了精神上的愉悦，感受到了大自然的美，得到了心理上的满足。

在游玩的过程中，人们生活的节律得以改变，身心得到休息和调整。这些都对人们消除或者减轻心理压力和心理紧张起到了十分积极的促进作用。

2. 洗浴：洗出来的快乐

众所周知，水是人生命活动的重要营养素之一。如果没有水，人就无法维持生命。此外，如果我们每天工作之后，回到家中泡在温暖的浴缸里，那种感受又是多么美妙啊！

水无疑是人体最好的润滑剂，徜徉在它柔滑的臂弯里，你可以将全部的压力交与它，感受它对我们身体，乃至精神的撑托，那一份惬意自不胜言表，而这也正是洗浴的精髓。

毛泽东青少年时代就通过风浴、雨浴、游泳来陶冶情操。

其实，只要每天泡一个热水澡，你也同样会有极度舒适、平静的感觉。有人甚至还这样认为，一些富人之所以拥有数栋房子，是为了想拥有不同尺寸的浴缸。

水上活动的种类有很多，主动或被动的都有。你可以在游泳池中游泳，到水上乐园体验滑水坡道的惊险刺激，在平静的河面划独木舟，到激流泛舟，置身瀑布下，或走在雨中，并在雨中歌唱，这样你就可以同时做两件事。

当然，最简单、最放松的方法就是回到家中洗个热水澡。作为一个都市中层，每天下班之后，我们不妨洗个水温在40℃左右的热水澡，这样能够提高神经系统的兴奋性，促使血管扩张，加快血液循环，改善身体组织和器官的营养状态，降低肌肉的张力，使肌肉得以放松，从而使自己有一种轻松舒适、神气飞扬的感觉。这是因为，血液循环加快后，促进了新陈代谢，清除了让你感到疲劳的物质和其他代谢废物，自然就不觉得疲劳了。

3. 音乐：享受最美的旋律

音乐是缓解压力的一种有效方法。音乐可以陶冶人的情操，人可以从音乐中获得一种力量。听音乐不仅是一种美的享受，它还能调节人的情绪。当心情沮丧、闷闷不乐时，打开音响，听听音乐，不仅可享受到一种美的艺术，而且能够激发你的热情，兴奋大脑，使你从中获得生活的力量和勇气。

第二次世界大战时，美国在菲律宾的一所野战医院里躺满了伤兵。当时的医疗和生活条件都十分艰苦，因此很多伤兵的情绪都非常坏，每天叫骂不停。伤兵手术后的感染率也非常高，死亡率也很高。就在医生们无可奈何之下，有一个医生突然想出了一个主意——用留声机播放士兵们熟悉的家乡乐曲。就这样，伤兵们听到音乐后情绪很快就稳定了下来，他们不再发脾气。令人意外的是，手术后的感染率大大下降，死亡率也随之下降，甚至手术后的愈合期也明显缩短。这一发现使美国国防部大为振奋，立即在各个野战医院推广这个办法，收到了很好的效果。

看来，音乐的神奇魅力的确让人吃惊。音乐令人惊奇的效果来自它可同时以三种方式影响人体和大脑：

第一，音乐的节奏会改变人的心跳。心跳速度和所听歌曲的节奏相仿，心跳会随着变快或变慢。音乐旋律可以改变脑波和呼吸频率，有些音乐还会让人随着节拍跟着摇摆身体，比如迪斯科。

第二，音乐会左右人的情感。音乐的协调性可帮助人们减缓伤痛、气恼，且享受快乐的感觉。丰富的音乐如电影配乐、宗教音乐、行军乐等，都会促进脑分泌脑内啡，即一种具有镇痛作用的氨基酸，另外，放松的音乐可减少压力荷尔蒙的产生。

第三，音乐的旋律像语言般会驻足脑海中。如果听的音乐有歌词，而那些字句对人物而言又有特殊意义，歌词就会影响人的心情。

当然，音乐除了刺激听觉感官外，人的皮肤甚至骨头都能感受到音乐的律动。这些震动的音响可影响人的心情和身体感官，例如血压、心跳和体温等。

第四节　心理压力的应对方法

一、认知调节法——改变观念达到释压

认知也称之为认识，是指人认识外界事物的过程，或者说是对作用于人的感觉器官的外界事物进行信息加工的过程。它包括感觉、知觉、记忆、思维等心理现象。

利用改变观念来达到减压的目的，主要应从思想上转变观念，主要应该做到以下几种：

1. **不当工作狂**

为了不让自己成为工作的奴隶，而是变成工作的主宰，一个最快捷的修正方法，就是对自己的工作进行重新定义。比如，我们现在正经营一个加油站或一个公司，那么要弄清楚我们需要提供的是服务和货物而不是强制性活动。我们的所作所为如何才能让这个世界变得更加美好？如果我们的目标是助人为乐或者以人道主义为最高追求，那么我们将从工作中汲取到更多的正向能量。

2. **寻求工作带来的愉悦感**

当作是娱乐也好，忙里偷闲也罢，抽出一整天的时间来放松一下自己。可以打球，也可以整理文件。完全依照自己的直觉和内心的感受来做，只要能让我们觉得轻松就好。用这种方式唤醒直觉，让我们的心情自然而快乐，这时便能体会到工作的好处了。在精神活动中，直觉告诉我们，现在的环境给我们的感觉叫做愉快，它是一种让我们喜爱的感觉。

当然，要想跳出过分沉迷于工作的怪圈，并不意味着要躲到荒凉的沙漠。只要调整心态，收拾心情，认真收回正向能量，就可以由奴隶变成掌控者。内在的变化绝对要比外界的变化更加重要。用内心的力量来缓解压力，其本身就是对自己的怜惜。

3. **学会爱惜自己**

学会爱惜自己是一种发自心底的微观能量，它可以帮助我们不把自己逼得太紧。有的时候，即使我们觉得某项工作会让自己热血澎湃，但是，如果它会给我们带来连续不断的疲劳，就需要立即更改。我们要学会给自己留出适当的时间。比如，一周之内，至少要做一件体恤自己的事情：或者是抽出一下午的时间小睡一会儿；或者去吃一顿美味佳肴；或者走进电影院去休闲一下；或者吃点儿小零食或者做点儿其他喜爱的事情……

学会爱惜自己就意味着我们不需要把自己的每一天都填充得满满的，只要把必要的工作完成，之后便随时都可以停下来。有了这种意识之后，我们就不会再因不堪工作的重压而精神错乱。

4. **工作应该学会忙里偷闲**

著名精神病理学家布利尔说：“健康状况良好而常坐着工作的人，他们的疲劳百分之百是由于心理的因素，或是我们所谓的情绪因素。”那长期工作者存在的情绪因素是什么？喜悦？满足？当然不是！而是厌烦、不满，觉得自己无用、匆忙、焦虑、忧烦等。这些情绪因素会消耗掉长期坐着工作的人的精力，使他们容易感冒、精力减弱，每天带着头痛回家。不错，是我们的情绪在体内制造出紧张而使我们觉得疲倦。

为什么你在工作时会感到疲劳呢？丹尼尔·乔塞林说：“我发现症结在哪里了——几乎是全世界的人都相信，工作认不认真，在于你是否有一种努力、辛劳的感觉，否则就不算做得好。”于是，当我们聚精会神的时候，总是皱着眉头，紧绷肩膀，我们要肌肉作出努力的动作，其实那与大脑的工作一点关系也没有。

大多数人不会随便地浪费自己的金钱，但是他们却在鲁莽地浪费自己的精力！那么，什么才是解除精神疲劳的方法？放松！放松！再放松！要学会在工作的时候让自己放松！

古人云：“一张一弛，乃文武之道。”人生也应该有张有弛，也应该忙里偷闲。人生就像根弦，太松了，弹不出优美的乐曲；太紧了，容易断。只有松紧合适，才能弹出舒缓优美的乐章。

悠闲与工作并不矛盾，处理好两者的关系，最重要的是能拿得起，放得下。俗话说得好：“磨刀不误砍柴工。”该工作的时候就好好工作，该休息放松的时候就玩个痛快。这样才能更好地工作，更好地生活。

工作、休闲应该合理搭配，不能忙时累个半死，闲时又闲得让人受不了。可以隔三差五地安排一个小节目，比如雨中散步、周末郊游、烛光晚餐等。适时的忙里偷闲，可以让人从烦躁、疲惫中及时摆脱出来，从而获得内心的平静和安详。

要养成一种松弛有道的习惯，以最佳的精神状态应对工作，当你进行每天的工作时，就会获得一种放松的状态，更加理性、有激情。每天都要练习一会儿，并“详细地记得”放松的感觉。回想你的手臂、腿、背、颈、脸等各处的感觉。想象自己躺在床上，或坐在摇椅上，默默对自己说几次：“我觉得越来越放松。”这样也有帮助。每天练习几次，你会惊奇地发现这样不仅能大大减少你的疲乏，还会提高你的办事能力。由于经常放松，你还可以清除干扰你的紧张和焦虑。

5. **学会选择，懂得放弃**

> 一天，一个小男孩在玩耍一只贵重的花瓶。瓶颈很小，瓶口很大，他把手伸进去，结果竟然拔不出来了。父亲费尽了力气也帮不上忙，于是决定打破瓶子。但在此之前，他决心再试一次：“儿子，现在你张开手掌，伸直手指，像我这样，看能不能拉出来。”小男孩却说了一句令人惊讶的话：“不行啊，我不能松手，那样我会失去一元钱。”

人的一生，总要面临着大大小小的选择、失落、得意、成功、失败、健康、疾病，没有哪一种选择能够真正属于自己。因此，我们总是怀着更多的欲望，企图更多地占有，并将这种占有挂以冠冕堂皇的借口，比如有追求、上进心强等。以为自己拥有的越多，就会离幸福越近。很多人不管自己的驾驭能力有多大，也不管自己的消化功能有多强，得陇望蜀，贪多嚼不烂，这山望着那山高，诸般心态不一而足。即使占有的东西并没有什么价值，也不愿舍弃；即使心灵已经很累，也不怕再增加沉重的负担。

显然，这些生命旅程的行李，往往是我们对种种事物的“执着”，它又往往是我们刻意保留的残存记忆。表面上，我们好像把事情处理了，背地里却是接受不了，不想面对，于是硬把它塞在心里。于是我们的行李越来越多，越来越重，令我们举步维艰。

为了使我们的旅途愉快，除了不要带太多行李上路外，还要学习放弃一些东西。因为旅途中行李将不断累积，我们要取长弃短，不然，一箱子的行李，总会把自己压得透不过气来。

对于一个人来说，行李越少，负担越轻，越能仔细体会旅程中的快乐与辛酸，而且唯有弃掉行李箱里的陈年旧账，才能再装载新的东西。如果你像那个小孩那样，不肯放下“一元钱”，那么你就无法轻松去旅行了。

也许你会说，这个东西我非常喜欢，所以一定要得到它，否则我不会甘心。可是谁说喜欢一样东西就一定要得到它？有时候，有些人，为了得到他喜欢的东西（这些东西可能是某些实实在在的东西，也可能是某种欲望），殚精竭虑，费尽心机，更甚者可能会不择手段，走向极端。这些人也许会在老板面前打小报告，也许在同事面前搬弄是非……最后，也许他得到了他喜欢的东西，但是在他追逐的过程中，失去的东西也无法计算，他付出的代价是其得到的东西所无法弥补的。

有一句话："得不到的东西永远是最好的。"所以当你喜欢一样东西时，当你想追寻人生的真谛时，得到它并不一定是你最明智的选择。

二、行为调节法——运动释压

行为调节法主要是以实际行动来达到减压的目的，比如运动，下面介绍几种体育运动的方法，供忙碌的中层在休闲之余参考试用：

1. 散步

中层在忙碌了一天，吃罢晚饭后，或单独、或与家人在一起散散步，可以解除一天的工作疲劳。散步既可以清醒头脑，又可增添人的活力。

（1）散步能促使血管弹性增加，特别是腿的持续运动，可促使更多的血液回到心脏，有利于改善血液循环，提高心脏的工作效率；

（2）散步有利于精神放松，减少忧郁与压抑情绪，并可以提高人体免疫力；

（3）散步还能维持人体的钙平衡，保护骨骼健康，并有助于氧化体内多余的脂肪，减轻体重或维持体重在适当的水平。

散步时采用的姿势是抬头挺胸，两眼平视前方，腹部稍内收，臀部肌稍保持紧张，双腿自然放松交替前进，两臂随之摆动，并配合有节奏的呼吸。

散步一般先由慢速和短距离开始，以后逐渐增加速度和距离。散步的距离可控制在1500～3000米，速度80～140步/分（60～110米/分）。每天可散步一到两次，每次20～40分钟。

散步时的节奏和呼吸节奏有着一定的关系。呼吸方式一般有两种：胸式呼吸法和腹式呼吸法。正常情况下人们多数是胸式呼吸，如采用腹式呼吸可先从胸式呼吸开始，慢慢过渡，千万不可操之过急。无论哪种呼吸方法，在走路或散步的过程中要有意识地进行调节，但应注意呼吸不宜过慢，不能故意屏息憋气，也不能吸气过度。此外，散步时要心情放松、百事不思，着装要宽松，鞋子要合脚，同时要注意行路安全。

2. **慢跑**

慢跑对于中层来说是一个非常好的运动方式，既可在任何地方、任何时间慢跑，且不需要特殊的技巧。

（1）慢跑能增强呼吸功能，可使肺活量增加，提高人体通气和换气能力；

（2）慢跑可使血流增快、血管弹性增强，具有活血祛瘀、改善血液循环的作用；

（3）慢跑能促进全身新陈代谢，能改善脂类代谢，可防治血液中脂质过高；

（4）慢跑可控制体重，预防动脉硬化，调整大脑皮质的兴奋和抑制过程，消除大脑疲劳。

慢跑运动分为原地跑、自由跑和定量跑等。原地跑即原地不动地进行慢跑，开始每次可跑 50～100 步，循序渐进，逐渐增多，持续 4～6 个月之后，每次可增加至 500～800 步。高抬腿跑可加大运动强度。自由跑是根据自己的情况随时改变跑的速度，不限距离和时间。定量跑有时间和距离限制，即在一定时间内跑完一定的距离，从少到多，逐步增加。

慢跑时，全身肌肉要放松，呼吸要深长，缓缓而有节奏，可两步一呼、两步一吸，也可三步一呼、三步一吸，宜用腹部深呼吸，吸气时鼓腹，呼气时收腹。慢跑时步伐要轻快，双臂自然摆动。慢跑的运动量以每天跑 20～30 分钟为宜。

慢跑的速度应依体力而定，宜慢不宜快，以自然的步伐轻松地向前行进，以循序渐进、持之以恒为原则。跑步要从短程开始，逐步增大跑程。运动量的掌握以慢跑后自觉有轻松舒适感，没有呼吸急促、腰腿疼痛、特别疲乏等不良反应发生为最佳。

3. **游泳**

若是在天地之间蒸腾着热气的夏日，能在冰凉清爽的泳池里泡上半天，相信那会是最好的享受，你的疲劳与压力也会一扫而光。

（1）游泳可以增强神经系统支配皮肤血管收缩和舒张的灵活性，也就在极大程度上加强了人体适应温度变化和抵御寒冷的能力；

（2）游泳能够加强对心脑的输血量，这对于心血管疾病的预防和治疗大有好处。此外，游泳有助于肺活量的增加；

（3）游泳能够使多余的脂肪渐渐减少，并有效地锻炼人体的胸背和四肢肌肉。

对于身体不适或患有肝炎、感冒、皮肤癣（包括脚癣）、肠道传染病、精神病及重症沙眼、急性结膜炎、中耳炎等眼、咽、耳部疾病的人来说不宜游泳。因为游泳不仅会加重自己的病情，而且还可能成为传染源，通过池水、公用物品把疾病传播给其他健康者。另外，心脏功能不好的人，或是饮酒后也不宜游泳。

4. 登山

登山是一项简单、经济、易行的健身运动，它能够使人远离城市的喧闹，沐浴山林的新鲜空气中，保持身心舒畅，并充满活力。

（1）登山可以增强体质，提高肌肉的耐受力和神经系统的灵敏性；

（2）登山还有助于防病治病，患有神经衰弱、慢性胃炎、高血压、冠心病、气管炎、盆腔炎等慢性病的人，在进行药物治疗的同时，配合适当的登山锻炼，可以提高治疗效果；

（3）登山还可以培养人的意志，陶冶人的情操。当你登上高峰，极目远望时，其心境是可想而知的。

登山正确的姿势是身体重心要前移，步子放小些，落脚点要近些。坡度较陡的山路应膝盖抬高些，上体前倾些。下山时，上体要直立或稍向后仰。

登山时要注意安全，登山时应当步伐平稳，注意力集中，防止滑倒、扭伤、骨折等意外事件的发生。

三、应对压力的放松训练

中层经理在释放压力的时候，采取一些行之有效的放松训练也是必不可少的，我们一起来看一下以下的放松训练：

1. 冥想训练

找一个安静、舒服的地方，一张软软的沙发，或一把舒服的椅子，或一张舒适的大床，或者是铺了毯子的地板……舒舒服服地坐下来，轻轻地闭上眼睛，让你的背部随意地挺直放松。此时你可双目微闭，身体放松，然后调整呼吸，使呼吸规律、均匀、缓慢，摈除杂念，将注意力集中在一个物体、一个意象、一件事、一个单词、一个句子或自己的呼吸上，每次持续 10 ~ 20 分钟。

你要尽量将干扰控制到最低限度，将注意力放在呼吸上。

当思绪、感觉、意识和外界的声音进入你的冥想时，只要简单地接受它们就可以了，让它们单纯地从你的头脑中掠过，而不要加以任何判断，更不要受它们所影响。

如果你意识到自己的冥想已经被其他的因素所影响，你可以把注意力继续集中到呼吸上来。

公共汽车上冥想法：

（1）在公共汽车上，靠椅背上坐好，挺直背部。腰带如果太紧，可稍微放松。两手臂轻松地放在两膝之上，手掌向上。

（2）做好准备姿势后，开始呼吸。首先用力吸气，分三次将气吐出。吐气时速度要慢，尽量收缩，鼓出腹部，以腹呼吸，这就是腹式呼吸。呼吸要均缓、深沉。

（3）心中预计在到达 × × 站时，就要进入冥想，同时之前 5 ~ 10 分钟，要调整呼吸。

（4）意念集中于呼吸之上时，起初耳边尚能听到四周的人语，逐渐的只能听到售票员报站的声音，脑中似乎为一阵白雾笼罩，以后就变成一片空白，报站名的声音似乎也越来越远，终于完全听不到了，这样便完全进入冥想了。

（5）即将到达目的地时，可以伸伸腰，动动身体，睁开眼。此时可以下车了。

浴缸冥想法：

（1）先把浴缸清理干净，排尽水，调整好淋浴头。

（2）脱去衣服后，在浴缸内盘坐，从头上淋浴，热水不要太多，要不断地淋。水温维持在 39℃左右。

（3）靠在浴缸边做腹式呼吸。呼吸要比平时深长。吐气后再吸气为一次呼吸。

（4）边呼吸边计数。全身放松，去除脑中杂念，专心于计数，慢慢地意识变得模糊，以至脑中一片空白，仿佛被白雾所笼罩。

（5）入睡前若做10分钟这样的冥想，脑中杂念被排除，便很容易入眠。

电视冥想法：

（1）在电视机前准备座椅或坐垫，打开电视机，然后盘膝而坐，手按腹部，以感放松、稳固为宜。

（2）采用丹田呼吸法，即将意念集中于丹田，做深呼吸。呼吸时，吐气要长，尽量吐尽，吸气略短而充分。同时脑中默默计数呼吸次数，一般以一呼一吸为一次，如此往下数。

（3）去除脑中的杂念，以调息来等待喜爱的电视场面出现，眼睛半闭半合，如果觉得电视声音干扰，可将音量放小，再播放一些其他音乐作为背景音乐。

（4）初学者大约20分钟才能进入冥想，到时头脑中就会出现预想的场面。也有人在预计的画面出现之前，就进入冥想了。一般在画面出现30秒之后，随即进入冥想。

2. 放松训练

放松训练在很多方面起着很好的作用，如应付紧张、焦虑、不安、气愤等情绪，其中对于焦虑症、恐惧症、紧张性头痛、入睡困难、高血压等疾病效果更好。放松的方法主要有以下几种：

（1）肌肉放松。肌肉放松的顺序是：双手—两臂—双肩—头部—颈部—前胸—小腹—后背—腿脚。所有肌肉的放松都应该按照紧张再松弛的方法进行。与此同时，最好进行一些语言暗示。在放松双手的时候可以先握紧拳头，这样可以让你的手部肌肉紧张，保持几秒后慢慢松开，体会放松的感觉，并进行语言暗示，“我的双手放松了”。这样，每一个部位放松后，再做一下全身整体的放松就可以了。

（2）放松想象。在放松身体之后还可以做做放松想象训练。此时，你可以想象自己坐在海滩边，看着夕阳；也可以想象自己早晨躺在草地上，呼吸新鲜空气，这样可以放松心情。当然，你也可以想象过去曾经经历的愉快的事情。比如某次聚会或考试发挥极佳的场景。这种想象能给你一些美好的“意象”，更有利于精神的放松。

（3）深呼吸放松。很多人在一些特殊的环境中就会感觉特别紧张，其实这种状况可以通过深呼吸方法来缓解。具体做法：身体站定，双肩下垂，闭上双眼，然后慢慢地做深呼吸。呼气时，呼到不能再呼为止。吸气时，吸到不能再吸为止。深深地吸进来，慢慢地呼出去。

通过临床心理学研究，放松治疗有着很多好处，如改善个体的记忆力、提高学习能力、稳定情绪、改善认知功能。如果长期坚持这种治疗，还可陶冶情操、消除心理行为障碍、保持心理和身体健康……而且放松训练在日常生活中可以灵活运用，成为当前紧张生活中一个很普遍的缓解压力的方式。

卓越中层的管理法则 *17*：让下属带着情绪工作，就如同背着重担爬山。无论他力气有多大，都难以赶上轻装上阵的人们。

第十章
员工关系与留人之术

毫无疑问，对任何企业而言，人都是其最重要的资源。员工跳槽，特别是优秀的员工跳槽，对企业，尤其是对中小企业的影响很大，有时甚至是致命的。作为中层经理，更要学会维护好员工的关系，懂得一些留人之术。

第一节 员工跳槽的信号与理由

一、员工跳槽前的信号

作为中层经理，怎样才能提前知道有哪些人准备跳槽呢？其实，对于想要跳槽的人，在这之前是有几点信号发出的。

1. 对工作的热情明显减少

与以往相比，工作劲头和工作效率大打折扣，他是在岗位上应付差事，虽然许多人心里也告诫自己要站好最后一班岗，而实际上却已心不在焉，也许热情已跑到即将上任的新岗位上去了。

2. 频繁请假

如果这个人一向都很遵守劳动纪律，从不轻易请假，而现在突然开始频繁请假，那恐怕就要考虑此人是否准备跳槽了。请假无非是去联系新单位，或作一些应聘准备，还可能是处理私事。既然准备跳槽，就再也用不着像以往那样积极地表现了。

3. 开始整理文件和私人物品

办公桌前所未有的混乱或整洁，并陆续用一些手提袋将自己的东西分批拿回家，到时可以一走了之。

4. 和周围人的关系不再像以前那样

以前特别喜欢拍领导马屁的人突然不拍了；喜欢传闲话、打小报告的突然变得“懒散”了；原本热心“公益”活动的人也不再乱掺和了；即使以前为了搞好同事关系而抢着打开水倒茶的也罢工了……这样的转变，绝不表示这些人懂得做人，成熟了，而是因为他们马上要离开这里，用不着再让自己受委屈。他们在接电话时语言已开始暧昧，甚至会神神秘秘，往往会来上一句“到时再说吧！”

诸如此类，就说明此人已是“身在曹营心在汉”了，只等这月工资发下来。

但是，即使你所猜测的以上种种跳槽迹象是正确的，也知道确实有人要跳槽，又能如何呢？顶多是严加注意，预防他在业务、债务方面造成什么遗留问题；再有就是做好心理准备，不至于在收到辞职报告时还傻乎乎地来上一句“我们正要重用和提拔你，你怎么就……”就像某些被辞退的人正准备雄心勃勃地替上司卖力，却接到人事部的辞退令一样。

“人往高处走，水往低处流。”员工“跳槽”本身是无可厚非的。虽然对于“从一而终”和“不侍二主”的传统思想而言，跳槽可能是一个十分严重的道德问题。但在现代社会，跳槽就是一个很纯粹的经济问题，与道德无关。也许新的单位有更优厚的待遇，有更适合他发挥能力的职位，总而言之他有选择那里的理由，所以中层经理也用不着对此愤愤不平。

在多数情况下，公司都比较偏重于雇用那些愿为公司奉献终身的员工，首先这种想法是很正常的。但现在随着对外开放的力度加大，西方企业中的一些新的思想开始在国内传播。比如许多外资企业都愿意招聘那些工作经验丰富的人。因为“跳槽”至少可以说是一种经验的累积。每到一个新环境，人的工作能力、与人相处的能力都会有不自觉的提高。所以，话说回来，倘若只许你雇用“跳”来的员工，而不许自己的员工“跳”走，也实在是有些不通情理！

二、员工跳槽的理由

现代企业常出现人才频繁流动的现象，员工之所以想跳槽，主要有以下三个理由：

1. 因人际关系不佳而跳槽

在所有跳槽的员工中，因人际关系不佳而跳槽的比率特别高。员工大多很重视人与人之间的和谐，祈求做到人人都满意，一旦与同事产生摩擦，工作效率就会直接受到影响。如果关系未能改善，一些人就宁愿另找新的环境。

与同事的感情不睦，尚且令人沮丧；与中层经理或直接上司的关系不好，也是员工跳槽的原因之一。在他们的心目中，认为得罪了主管就等于被判死刑，终究有一天会被排挤出门；与其被主管冠以莫须有的罪名加以整治，倒不如自行辞职的好。

2. **工作压力太大**

随着社会竞争日趋激烈，工作压力大也越来越困扰着企业员工。许多员工最终还是因为无法承受过大的工作压力而选择跳槽。

工作压力大最明显的体现就是工作太忙，需要频繁地加班，固定电话、手机、传真机不停地响，上洗手间都要用跑的；休息日不是在单位加班就是在家睡觉补充睡眠，所有的业余时间都被做不完的工作所占据，搞得人身心俱疲……于是便有员工大呼："宁可少要工资也要跳槽！"

面对这种情况，中层经理一定要及时疏导员工的压力，组织员工参加一些放松、减压的活动。至少要让员工开心地忙、开心地累。

3. **难以适应新上司**

有些公司员工跳槽的现象往往出现在一位新上司上任之初，前任上司率众辞职，将残局留给新上司收拾。如果你是那位新上司，上任后即遭此打击，多少也会令你感到兴致索然。

或许因为其中一位具有领导才能的员工请辞，几个平日与他谈得拢的员工也要求辞职。一时间，你的部门人心惶惶，以为你存心铲除异己之念而纷纷意动。

面对这种情况，首先你应该在上任之初，即上任的当日，便提议与员工一起举行一个午餐聚会。你要秘书替你订好位子，在午餐之前先声明你很高兴能与他们共事，并说已翻看所有员工的资料，非常欣赏他们的工作成绩。在比较过外面的薪金后，发觉有薪金偏低的员工，你正在努力争取中。

在以后的工作中，你注意那些薪酬偏低的员工，看看他们的工作能力是否理想，然后再加以引导。

本来，新上司上任即有员工请辞，原因是有些人不喜欢改变现状。他们已经习惯了某上司的作风，当上司辞职后，他首先想到的是希望能带他一起投效另家公司，而不想怎样习惯新上司。实际上，他们心中那种抗拒改变的意识，也同样地不容易接受新公司的制度。如果中层经理能及早让他们对你产生信心，员工的流失率会及早得到控制。

卓越中层的管理法则 *18*：中层经理最大的失误，莫过于让该留的人才流失了。

第二节　四种留人的思维

在员工频繁跳槽的当今社会，我们对于此种现象早已见怪不怪，但是，作为一名合格的中层经理，用自己的方式留住人才才是最重要的。那么怎么样才能留住人才呢？不妨采用以下的方式。

一、待遇留人

现如今，很多企业的管理者都在抱怨留住员工的成本不断上升。其实，这种抱怨是有道理的。相关资料显示，有接近一半的员工的第一份工作不超过半年，而公司花在每位员工身上的招聘成本最低为1300元，最高的达到了1万元，这还不包括那些隐性成本。

如何顺利地解决这个问题呢？管理者应当将“员工到底要什么？”这个问题作为考虑的出发点。为其提供发展的机会和平台，当然，其重要性可想而知，但首要的也是最基础的一条，应该是保证他们的薪水有规律地增长。因为这是所有员工都很关注的问题。

关于薪资，管理者应当对那些工作经验（年限）相同、岗位相同、业绩相同的员工给予基本相同的待遇，如果有差别，也一定局限在一个小的范围之内。不要总是幻想用极低的价格就能够招到合适的员工，要将薪水级别和岗位分析结合在一起，这样能够帮助你更公正地处理薪酬问题。此外，那些有经济实力的公司应当考虑加薪问题，尽量缩短加薪周期，设计加薪方案。因为如果加薪周期太长，工资太低以至于消费水平不高，这必然会影响员工的工作效率。

下面我们可以了解一下一位普通员工在薪水支付方面的几个变化：首先是起薪，我们设定月薪为3000元，通过试用期之后调整为3300元。那么，6个月或者1年后，薪水会是什么样的呢？这一年，该员工顺利通过了绩效考核，月薪即达到了3600元，在此基础上，该员工同时获得了年度正常加薪，于是，月薪变成了4000元。该员工很高兴地发现，在这短短的一年中，它的薪水提高了很多。正因为这样，他才会努力工作。可见薪水的力量是非常强大的。

如果一个企业中的员工长时期薪水得不到提高，他们肯定会考虑跳槽。所以，要想留住人才，其中重要的办法就是支付高于同行业的薪酬，但这需要付出高昂的代价。对于想长期经营下去的众多微利企业来讲，唯一可做的选择就是让员工与企业共同成长。

如何才能实现员工与企业的共同成长呢？其中最关键的就是让员工的收入与企业效益同步增长。因此，在企业的发展过程中一定要有长远的发展眼光，否则就会使企业迅速垮掉，但懂这个道理的人多，照这样去做的人少。明白这个道理并坚持做下去的企业多数都会良性循环，员工的收入在不断增加，企业的财富在持续增长，古今中外概莫能外。

假如你的企业与众不同，员工在企业干得越久、贡献越大，收入能够越多，那些只能在你的企业才能得到的、超过其他企业员工的收入，或别的企业没有的那部分收入就会为你的企业牢牢地“锁”住了这类员工。

不但拿计件工资的员工工资可以做这样的设计，同时计时的主管人员的工资也要做这样的设计。在设计薪资的时候一定要考虑员工为企业服务的时间和对企业所做的贡献。但很多企业并不能做到这些，在很多情况下，他们的做法与之相反，甚至有意无意地挤走老员工，录用新员工。他们只看到了新员工试用期工资低、无加薪要求，却无视新员工技能差、浪费大这样一个巨大的漏洞。

所有的管理者应该记住，要想留住老员工和吸引新员工，企业就应该比别人做得更好。薪酬设计好了，当别的企业在为“用工荒”犯愁的时候，你的企业已经可以考虑扩大生产了，这就是管理的奥秘。所以要想员工留得住，薪酬结构必须“动手术”。

通常情况下，企业在设计员工薪酬结构的时候，都会留出一定的浮动空间，这个空间是用来衡量员工的有效付出的，把个人回报与个人对企业的有效付出相联系，这样可以强调个体劳动的能动性，这样就会避免不公平现象的发生。因此，这部分薪酬，我们也把它称之为“绩效工资”。那么，企业如何设计出高弹性的绩效工资呢？

绩效工资设计的基本原则是通过激励个人提高绩效促进企业的绩效。即通过绩效工资传达企业绩效预期的信息，激励所有的员工来达到企业的目的，使企业更关注结果或独具特色的文化与价值观，促进高绩效员工获得高期望薪酬，保证薪酬因员工绩效而不同。

在设计绩效工资的时候一定要做到绩效认可，这是最关键的。所谓绩效认可就是薪酬在多大程度上建立在绩效基础上，绩效工资的关注对象，决定绩效工资的多少……以此为基础，企业还应建立绩效管理体系，以使绩效与薪酬有效连接，而且必须达到以下要求：员工的工作绩效是可以度量的；员工之间的绩效差别是可以区分的；可以体会到绩效差别和薪酬差别之间的关系；业绩薪酬增长的前景将激励提高绩效行为的改变；个人绩效和企业绩效之间存在可以建立的联系。在绩效工资的设计过程，需要关注以下几个方面的问题。

1. 绩效工资的比例配置

在不同的部门或者是不同层次的岗位上，绩效工资有着不同的配置标准。由于有很多种类的绩效工资，所以这里我们不能一一列举，只是就其中的一种业绩工资来进行说明。业绩工资的配置标准与很多因素相关，如各个岗位的工资等级、对应的外部薪酬水平、个人或团队的业绩联动，使得员工或团队可以通过对业绩的贡献来调节总体工资水平。

一般来说，有两种具体配置方法：第一种是切分法，这种方法是依据岗位评价和外部薪酬水平确定不同岗位的总体薪酬水平，然后再对各个岗位的总体薪酬水平进行切分，如某岗位总体薪酬水平（100%）=基本固定工资（50%）+业绩工资（50%）；第二种是配比法，先依据岗位评价和外部薪酬水平确定各个岗位的基本固定工资水平，这时应考虑薪酬水平市场定位，这种情况下，一般基本工资水平应定位于市场薪酬水平的相对低位，再在各个岗位基本工资的基础上上浮一定比例，使各个岗位薪酬的总体水平处于市场薪酬水平的中高水平，如某岗位的薪酬总体水平：基本固定工资 + 业绩工资（业绩工资为基本工资的 40%）。

这样就会产生不同的结果。当员工没有达到或低于预期业绩标准的时候，其总薪酬水平低于市场水平；如果达到或高于业绩标准，其总薪酬水平就会持平或高于市场薪酬水平，从而达到员工依业绩控制自己薪酬而激励绩效的目的。

2. 绩效等级和绩效分布

依据绩效评估后对员工绩效考核结果划分的等级层次被称为绩效等级，它与很多方面都存在关系，如具体的绩效指标和标准，企业考核的评价主体和方式；在做到公正、客观地对员工绩效进行评价的基础上，绩效等级的多少和等级之间的差距将会对员工绩效工资分配产生很大影响。在设计绩效等级时还要考虑绩效工资对员工的激励程度，等级过多造成差距过小将会影响对员工的激励力度；等级过少造成差距过大将会影响员工对绩效工资的预期，以致使员工丧失向上的动力。

在企业绩效等级得到确定以后，还应明确不同等级内员工绩效考核结果的分布情况，也就是每一等级内应有的员工数量。通常来讲，企业决定员工绩效分布时基本符合正态分布现象，即优秀的 10% ~ 20%，中间的 60% ~ 70%，而差的 10% 左右。严格的绩效分布一方面有利于对员工的绩效进行区分；另一方面也有利于消除绩效评价各方模糊业绩，使得被评价对象的评价结果趋中。

3. 绩效工资分配方式

所谓绩效工资分配方式是指绩效工资如何在个人或团队中进行分配，一般有两种绩效工资分配方式：一种是绩效工资直接与个人业绩工资标准对应进行分配；另一种是绩效工资先在团队间进行分配，然后再依据个人绩效进行分配，这中间又包含两种形式——完全分配和不完全分配，完全分配是将企业计提的绩效工资总额在团队与员工中进行彻底划分，不留剩余；而不完全分配是在控制绩效工资总量的情况下，在团队与员工之间依考核等级进行层次分配，绩效工资总量存在一定剩余。

总体来说，在计算绩效工资的时候一定记住：前提是达到之前明确规定的目标，然后有效利用薪酬策略和绩效与薪酬的密切关联，这样可以使企业不必为所有的工作支付高薪，而只为那些具备关键技能创造高绩效的员工支付高薪，对那些具备一般技能、绩效一般或较低的员工则支付平均或低于市场水平的薪酬。从而使企业能够吸引所需的拥有关键技能的人才和留住高绩效员工以满足战略需要，又能够对企业的成本进行控制。

二、感情留心

研究发现，人和人的情感要想建立起来，有四种方式。第一种方式，情感是建立在相互接触的基础上，称之为生理接触。接触得越多情感越深，就是日久生情。作为企业老板，在企业规模小的时候要多和员工交流，即使是大型企业也要注意这点，这种交流、这种情感的建立不是指个人与员工之间，而是要使企业和员工之间建立一种很好的情感。当老板没有时间和员工交流的时候，必须有人代表企业和员工交流，这就是分工，这就是授权。

企业要多和员工接触，必须要有情感留人的计划。企业在对待新人和关键员工的时候，要适当地多和员工交流，帮助员工在企业内部扎根，使员工留恋这个企业。为什么创业元老之间感情比较深？就是因为他们天天在一起，所以情感就深。我们现在的家庭为什么不稳定？就是因为夫妻之间接触太少，缺少相互之间的思想交流。

在生活中我们经常会看到，好多老板让自己的司机去给女朋友送花，送到最后司机跟他的女朋友结婚了；或者好多演员，最后和自己的经纪人或者保镖结婚了，这就是生理接触。

第二种方式是施恩。什么是施恩？就是要给人好处，也就是利益的问题。韩国有个崔氏家族绵延了七百多年，为什么可以延续这么久？其中一个非常重要的原因就是施恩。有讨饭者给饭，有过路者给提供住宿，有朋友来盛情款待，等等。就是这样一点一滴积累起来的稳定关系，使这个家族像参天大树一样深深地扎根在了社会上。

施恩所得的回报是什么？是信息。所以老板要学会施恩，要通过点点滴滴的施恩来留住员工的心，从而留住员工这个人。但是施恩也要注意几个方面，首先要注意环境，在人处于一个比较脆弱的阶段的时候，施恩所产生的反馈作用最大，最容易一次性地建立稳固的人际关系。人一般在事业的初期，或者在生活比较困苦的时候，最容易产生感情。

在中国历史上，一个好的管理者都懂得恩威并施。恩就是把人心收住，威就是把人吓住。这就是管理学讲的激励与惩罚的结合。好老板不要单纯地激励员工，要表扬与惩罚相结合，表扬是告诉你这件事做对了，惩罚是告诉你这件事做错了。

第三种方式叫呼唤，要学会表达。我们大多不愿意表达自己的思想，所以老板要经常与重要的员工沟通交流。很多外企都要求 CEO 每年要有专门的时间下去走一走，要知道哪个员工做得好，要经常去表扬。年底的时候，企业不要吝啬奖状、证书什么的，这些廉价的管理工具，可能会带来惊人的效果，我们好多国有企业的领导都懂这个方法，也就是精神需要。它其实给人一种精神的认可，员工的层次越高，对精神的要求越高，对精神的追求越多，所以老板要去了解、要去满足员工的精神要求。在社会不太发达的情况下，工资变得很重要，薪酬变得很重要，利益变得很重要，但是随着人的关系的变化，随着社会的不断进步，薪酬对人的影响力会越来越小，而人对情感的关注会越来越多。留住员工重要的是留住员工的心，而不是员工的钱口袋。这是第三个方面，就是要学会去表达，你表达得好，员工才能够感受到。

好的管理制度，应该融入到员工的心里去而不是贴在墙上。就像古人练武一样，练武有四个境界，第一个叫练武，就是每天早晨练，这是外形。第二个叫习武，习武比练武更有规律。第三个叫精武，就是光练武不行，还要达到很高的境界。精武是什么？是把很多套路全都学会，烂熟于心。最高境界是尚武。开始练功夫的时候，整天拿着把剑怕别人杀你，到一定程度后是身上背一把剑，再到一定程度时身上也不背了，家里挂把剑，再到一定程度时家里也不用挂了，叫心中有剑。从手中到身上，从身上到家里，从家里到没有。

管理标准也是这样，开始要放在手上，所以我们定得很细。管理学的历史也是这样演变的。一开始的时候要求你的动作，你走路走几步等，全部规定好，科学管理就是把路全部给你设计好了。它的前提是什么？就是你对管理的现状有预测性。像麦当劳这样的公司，它提供的食品是简单的，薯条、汉堡就是那么几样，不管公司多大也是那么几样，这叫单位的巨大化，产品的简单化。

还有一种情况是什么？就是产品的复杂化。像微软、波音、通用的产品越来越复杂，这时就不适用简单科学管理。美国的 Google 公司，它允许员工穿拖鞋上班，但麦当劳就要穿制服，因为管理本身提出的要求不一样。

管理学的演变是从简单到复杂，是从有标准到没有标准，这个没标准是把标准放到员工心里去。所以作为中层经理，一开始的时候要学会表达，让员工能感受到你的关心，让员工能体会到他在这里的生活是非常幸福的。

第四种方式是依赖，人和人的关系到了互相依赖的程度就不一样了。什么叫依赖关系？我们作一个形象的比喻，冬天的时候，如果两个刺猬在野地里独自取暖，肯定会被冻死，但是靠在一起，相互取暖，就会都生存下来，这就是依赖关系。在企业内部什么叫依赖？就是员工需要工作，老板给你提供。老板需要员工，员工也能胜任，这就叫依赖。企业发展到最后应该是共赢关系，老板和员工之间达到了共赢，实际上最后员工是在给自己打工，每一个岗位的员工都是自己的老板。老板是做员工的平台，而员工是做自己的平台。

现代管理学崇尚从共存到共赢，而不是单纯一方赢。情感留人在理论上有什么样的一个解释呢？它是低成本的留人方式，而且它可以满足员工的精神要求。员工一开始是生存要求，然后就是成就和心理的要求。每一个员工到最后都需要这个东西，所以作为老板必须满足员工的多方面要求。

三、事业留魂

现如今，企业的竞争归根结底是人才的竞争。如果一个发展过程中的企业缺少人才的支撑必然不会有大的前途。很多企业为了留住人才，提出了“感情留人、事业留人、待遇留人”的口号，并把它作为企业的文化理念。那究竟如何做才能为企业留住人才呢？很多人认为让员工有好的收入，有好的发展前景就会留住他们的心。但如果企业有干事业的前景，就是收入低些，待遇差点，也会考虑留下来。可见事业在人才眼中的重要作用。

大家都想多学点东西，都想学有所成，面对员工的这些需求，企业要做的就是为员工提供一个发展的平台，使其充分发挥自己的才能。虽然很多企业高喊“感情留人、事业留人、待遇留人”，实际上却并没有得到真正落实。另外，一个企业即使有了一定的经济基础，如果事业不留人，也做不好事情。

这里所提到的留人，并不是企业把所有的人都留下，而是留下那些有能力的优秀的人才。这些人才或许根本不在乎待遇或者是工资问题，关心的是自己的发展前景，如果没有发展机会，即使是有很好的薪资待遇，他们也会离开。从人的“需要论”来说，单凭薪资是留不住人才的，因为每个人的追求不一样，不是企业花钱就能把人才长期固定在一个位置上，而是要给他们一个干事业的舞台，使其能充分发挥自身的价值。

所以，要想留住人才，使员工保持稳定，公司应该做的就是为员工提供良好的成长方向，给他们提供发展的机会和空间，使其有足够的力量实现自我。与此同时，企业应当尽力建立自己的企业文化，不断增强员工的归属感。除此之外，企业要精心营造内部的“生态平衡”的环境，建立公平、公正的竞争机制，并持续运行，不断完善，真正使有能力的员工为企业发展发挥作用。对工作达不到要求、不能完成任务却“赖着不走”的人，要用机制使其“挂冠而去”，辞去职务，让位于人才。

随着我国市场经济的不断发展，各方面的体系也不断得到完善，而人事制度也有了很大的突破。如今，员工不再是“忠诚地”“专一地”服务于一家企业，他们可以选择自己的发展道路。与此同时，在很多企业中，一些优秀人才的流失，在给这些企业带来巨大冲击和损伤的同时，也迫使其改进和加快科学民主管理进程。

总之，员工一进入企业，企业就应为其进行职业生涯设计。如果企业为员工想得很远，员工就会愿意毕生为企业效力。

在生活中，我们经常提到事业，而事业是一个人一生持续从事的职业、胜任的服务及职位发展的途径等。简言之，它是指一个人一生活动的连续经历。

理解一个人的事业可以从主客观两个方面考察：主观方面包括价值观、

态度、个性和动机等；客观方面包括职业选择、职位和特殊技能等。

事业发展是一个过程，它指个人为达到事业目标而做出相应的决策和付诸实践。一般来说，每个人都有自己的事业规划。它指个人对职业、组织和发展途径的选择。因此，事业发展规划是一个人不断地寻求工作与生活质量满意的动态平衡过程。

对企业来讲，一般是通过向员工提供一定的岗位和职业内容来实现发展目标，而员工需要的则是事业平台与个人发展的统一。如何才能使员工将自己的利益与公司的利益结合在一起呢？这个问题其实是向管理者提的。管理者应当帮助员工规划和发展他们的事业。在事业发展与规划管理的过程中，企业和个人的目标和利益应当相匹配。

通过之上的介绍，我们可以了解到，帮助员工进行事业规划与发展之间有着非常重要的关系，它们具有深层次的激励效应。从满足员工的需要层次看，这个过程可以满足员工的情感需要、受尊重需要，并有助于满足其自我实现的需要，从一定程度上来说，这些需要都是高层次的。从丰富工作内容方面来看，这一过程有助于员工选择自己愿意做的工作，双方可以讨论重新设计工作或工作转换问题，以及调整工作责任问题，这些都可以提高工作、生活质量；就员工的事业发展方面，留住优秀的人才可以通过与员工讨论其职业发展领域及所需的技能，并为员工提供继续教育和通过参与特殊项目发展其个人能力的机会等措施；就绩效评价的内容和方式而言，管理者不但要将员工的绩效与对企业的贡献联系在一起，增强员工对企业的归属感和自豪感，使得员工能够全面考虑问题，而且还要听取员工对工作绩效的自我评价，这样做有利于员工提高对工作本身的评价；就维持员工的事业和家庭的平衡发展而言，我们还可以通过与员工讨论其对业余时间的支配和发展家庭关系问题，满足员工提高生活质量方面的要求来留住这些优秀的人才。

在康柏公司，当员工跳槽时，公司不会试图用加薪的方法留人，因为他们知道钱能起到的作用是短暂和表面的，不能重新唤起员工对工作的渴望和热爱。同样，康柏公司在招聘时会问你“希望公司能给你什么”，其目的是想告诉员工：公司不单给你钱，更重要的是前途和发展，这些是员工所获得的“隐性利益”。“隐性利益”如同职业发展的“利息”，它比薪金更有价值，更能激发员工为企业创造价值的愿望。管理者必须要做的事情是为企业设计这样一种能够创造“隐性利益”的管理机制，使企业里的每个人都有机会发展。

在摩托罗拉，良好的事业发展平台被定义为：实质性的工作、了解成功的条件、有充分的培训并能胜任工作、在公司有明确的个人前途、及时中肯的反馈、无偏见的工作环境。每个季度，员工的直接主管会与其进行单独面谈，就以上六个方面或更广阔的范围进行探讨，谈话中发现的问题将通过正式渠道加以解决。

“使员工有明确的个人前途”是成功企业的一个重要指标。如果我们把一个企业看成是一个由个人组成的社会团体，那么，管理者就是团体文化的设计者，他有责任创造那种氛围，使团体里的成员都互相信赖，都畅所欲言，都有机会发展，以此促进团体文化得以不断地完善和发展。

如同“授人以鱼不如授人以渔”的道理一样简单，没有什么比心理的成就感更令人欢欣鼓舞了。所以，让员工将企业提供给他的那份工作当做自己的事业，他必能自主自发地工作，最终受益的是企业和员工双方。

可见，绝大多数人才注重的是自己的成长及发展空间是否与企业经营理念紧密相关。要真正留住人才，使人才有用武之地，就得靠事业来“攻心”。留住人才是一项系统工程，贯穿于企业内部工作安排、内部晋升、员工培训、参与管理及职业发展计划等过程中。

四、文化留根

文化留人就是关注人才的内心世界，以激发人才的正向情感，消除消极情绪为核心。只有满足了人才的情感需要，才能提高企业的凝聚力和向心力。通过管理心理学的研究发现，如果员工对企业没有认同感和归属感，那么他的所作所为只是对自己负责；而如果员工对企业有很强的认同感和归属感，其行为是对企业负责。如果企业想达到这个目的，应该做到以下 6 点。

1. 培育以共同价值观为核心的企业文化

健康向上的企业文化可以使企业内部创造出一种和谐的企业氛围，工作于其中的员工都会有良好的精神面貌，此时，员工与企业就会形成统一的利益整体，最终为企业发展贡献力量。如果在企业内部上下级间、部门间、同事间能营造一种互相理解、互相尊重的气氛，使每个人都获得尊重和认可的需求，就可以说具有了“留人”的吸引力。

2. 树立管理者的个人魅力

管理者的个人魅力包括以下几个方面：一是管理者个人的品质和诚实程度，管理者要有言必信、行必果的信誉，以理处事，以诚待人，以实务事，只有这样，才能有吸引人才的魅力；二是管理者要树立服务意识，改变指挥、控制和利用人才的思维和行为，对人才应尽可能地授权，给予其必要的自主性，充分发挥他们的聪明才智。

3. 建立无边界沟通的文化

俗话说：“通则不痛，痛则不通”。如果想要成为一个能留住人才、蓬勃发展的企业，其所有成员必须做到相互沟通。沟通不仅是一种工具，它更代表一个企业的精神面貌，即企业的每个成员都能充分、有效地共享信息，从而营造出一种民主、进取、合作的健康氛围。

4. 建立留人的“平台”

在一个企业中，所有的员工都应该有共同的环境和条件，只有这样，才可能维持员工内心的平和，使其感觉自己被公正对待，这样，员工也愿意待在公司中。在人才的使用中要时刻注重对人才群体或个体进行心理分析，在掌握员工心态的基础上应用适当的方法进行调节，做到留人先留心；同时要将企业的发展、岗位的需求与企业人才群体和个体的素质、技能相结合，做到知人善任。在实践中还要注重绩效考评对员工的激励、促进作用，良好的激励手段能刺激人才在企业与岗位上实现个人价值，从而起到一种留人的作用。

在搭建留人平台的时候，企业还要了解每一位人才，对于不同的困难，采用不同的对策，做到具体问题具体分析。对于那些有个性的人，则要做到用人所长；而对有勇、有谋、有特长的人，要相敬相亲，以贤相待；要审慎对待那些有强烈私心的人，这样做的目的，是要激活每一个员工的个人潜力、创新潜力、成功潜力，从而留住那些有利于企业发展、有利于企业素质的提高和人力资源利用、有利于企业经营管理效率的战略性人才。

5. **培养员工对企业的认同感**

缺乏关于企业的真正的和有意义的信息就会影响员工业绩的提升。在很多企业的发展过程中，很少企业能做到信息共享。结果，许多员工对企业究竟取得什么样的收益，自己如何能为企业做出更大的贡献等只有一个笼统而模糊的概念。而只有让员工更多地了解企业的运营状况、企业的理念，这样不仅可以为企业感到骄傲，同时也能增加对客户的了解，实现双赢。

6. **切实提高员工对工作的安全感**

随着经济的不断发展，商业竞争越来越激烈，人们同样希望有保障地工作，安全感对于他们同样重要。工作安全感只是意味着：如果员工正确地完成他的工作并帮助他所在的企业取得成功，那么这个成功将有助于他保住自己的饭碗或提高他发现另一个工作机会的概率，并且这还会反映到其薪酬的增长上。

第三节 四种留人策略

一、学习型：发展空间留人

学习型员工符合“自我实现人”的要求，这些学习型员工的最大人生追求就是实现自我。只有有了明确的学习目的，才能主动寻找发展机会，才会想尽办法把学习和工作结合起来，此时，公司应该做的就是为员工提供成长和发展的机会。

如果企业管理者能够为员工提供成长的条件，必然会提高员工工作的积极性，使其更努力地为公司服务。

其实麦当劳就是按照这个方法进行的。麦当劳最吸引人的地方是为勤奋上进的年轻员工提供发展空间。这一机会是从最琐碎的小事开始的。也就是说，每一位刚进入麦当劳的年轻人，不论他具有什么文凭，一律都要从头做起：炸薯条、做汉堡、烤牛排、每天擦洗两次门窗。这也是每个走向成功的麦当劳人的必经之路。

麦当劳的创建者克洛克认为，如果一个人缺乏在各阶段进行尝试的经历，没有在岗位上进行“真枪实战”，必然导致其无法顺利走上管理岗位。事实上，无论是收付款，还是炸薯条，或者是制作各种冰激凌，任何一个岗位都可以培养出未来的管理人才。

从年龄方面来说，麦当劳的经理群与员工群都是非常年轻的。就每个经理来说，都需要管一个中型餐厅，而工作人员的年龄都是二十几岁。或许这种情况在其他企业根本不可能发生。在进入麦当劳之后，很多人首先做的就是一些最基本的琐碎工作，这种情况可能会持续半年左右的时间。之后，有些人就会得到提升，甚至成为一级经理。他们的工作除了抽出一定的时间负责餐馆之外，还要承担起如进货、排班、计划、统计管理工作。在这样一个很小的范围内，他们可以尽情地发挥自己的才能，并且不断积累经验，为之后的提升做准备。

正因为有这样一个好的平台，很多年轻人才愿意到麦当劳工作。只要业绩优秀就可以晋升为监督管理员，他们可以同时负责三四家餐馆的监督工作。三年后，监督管理员将晋升为地区顾问。到那个时候，他将担任总公司的“外交官”并被派驻其下属的企业。成为地区顾问之后，他可以全权代表公司的一个区域，有着非常重大的责任，同时也发挥着非常重要的作用。

固然，随着业绩的不断提升，很多区代表仍然可以晋升，成为更大区域的地区代表，最高可以升至麦当劳某一国家或地区的副总经理、总经理甚至董事长。与其他企业相比，麦当劳有自身的特点：无论管理人员多么有才华、工作多么出色，如果他没有预先培养自己的继承者，那么公司将不考虑其升迁。这项规则是非常重要的，它为麦当劳的管理人才不会出现断层提供了保证。由于这些与个人的前途和声誉有很大的关系，所以管理者都会尽一切努力培养接班人，尽量为更多的人提供机会，使其成为优秀的员工。

为员工提供发展的条件和环境不仅可以使他们与企业之间产生有益的互补共振效应，提高企业的竞争力，最主要的是可以留住优秀的员工或者是人才。如果公司想要达到这个目的，应做到以下三个方面：

1. 让员工自己去面对

如果你是一名管理者，知道员工遇到了无法解决的问题，你应该帮助他，把自己的经验传授给他。然而，许多时候，这样做往往适得其反。中层经理虽想传达给员工一些经验，但是由于举措不当或不了解实际情况，那么员工表面上也许接受，但心里却未必服气，因此这一点必须特别注意。要知道，当员工因为某件事不知如何做而感到闷闷不乐的时候，管理者如果趁机在一旁干预，那么员工会认为管理者不信任他。

如果遇到这样的情况，管理者可以对员工说："如果是我，我将这么做，你呢?"通过这种途径来为员工提供解决的办法，这样不但可保持自己的立场，还可以向员工传达自己的意见。此时，管理者达到了自己的目的。如果管理者直接向员工表达自己的方法，则无法让员工真正学到工作的实际技巧，还会让员工对此产生依赖心理。

或许很多员工都有这样的体会，在与管理者相处的时候，心里会特别紧张，不知道自己怎样做才能让管理者感到高兴。他们心里总是在想"快走吧"，等管理者走后，这些员工就像是出笼的小鸟，感到轻松和快乐。可见没有管理者在场时，他们反倒能全身心地投入到工作中，能更好地做出决定，并能从中找到乐趣。

2. 多给员工表达想法的机会

一般来说，与员工相比，管理者和上级有更多的发言机会。虽然很多管理者提倡让员工多说话，多发表观点，但事实上，说得最多的还是领导。无论在何种情况下，只要需要开口说话，领导者永远是主角。因此，作为中层经理，一方面你要尽可能地为员工多创造发言的机会；另一方面对于他们的发言，你一定要认真聆听。这样你不仅可以从员工那里获得最直接的第一手资料，而且认真倾听员工的谈话表达了你对他们的肯定，从而使他们获得心理上的满足。

3. 将责任和职权下放

那些成功的管理者只是负责向员工传达工作目标，而其他的部分则由员工自行处理，这样可以提高员工的能力。

在工作中，员工渴望被企业认同，渴望在工作中感觉到成就感，管理者如果能让员工将企业提供给他的那份工作当成自己的事业，那么他必能奋力工作，把企业的事当成自己的事，从而对企业不离不弃。

二、专业型：职业规划留人

在企业中，想要做到职业发展留人，企业应指导员工进行职业生涯设计并与员工共同努力，为其职业生涯计划的实现创造条件。据了解，日本的很多企业在这方面做得较好，这些企业通常实行一般职称系列、综合职称系列和职称体系并行不悖的三线型人事管理制度，员工分属三个不同的职称系列，一般职称系列职务晋升比较慢，实行年功制；而综合职称系列职务晋升较快，实行功绩制。职称体系有三个分支：管理职称、专业技术职称、专任职称。那些新进的企业员工归入一般职称系列，在升入最高级别之后，有的员工则可转入综合职称系列。当升至综合职称系列的最高级别之后，有的员工还可转入职称体系。

另外，很多日本企业还实行"三工"管理制，员工分为三类："一般职工""责任职工"和"高级职工"，一般职称系列对应一般职工，综合职称系列对应"责任职工"，"高级职工"对应职称体系中的管理职称、专业技术职称或专任职称。这使不少员工感到个人的职业发展前景乐观，不会轻易跳槽。

曾经有位记者到惠普公司下属的一家工厂采访，看见一名员工在车间工作时汗流浃背，于是问他："为什么不把电风扇向自己吹而朝机器吹?"这名工人极自然地回答："机器必须保持清洁卫生，避免蒙上灰尘而缩短寿命，所以电风扇要朝机器吹。"这个极平凡的小故事，显示出这家企业员工与公司已经心心相印，融为一体。人才是企业最宝贵的财富，只有使员工与企业心心相印，才能留住优秀人才，保持企业永盛不衰的竞争力，将员工离职的苗头扼杀在摇篮之中。

M化工集团是一家大型的企业集团，主要以能源、化工为主业，以房地产、环保为辅业。目前，随着集团的不断发展壮大，很多子公司已经建立起来，员工数量不断增多。如何建立一套长效机制，留住企业人才，特别是核心人才，很早已列入M集团人力资源管理工作的重点项目中。两年来，通过开展一系列的人才保留激励工作，M集团在这方面已取得了较大的成效。

2006 年，M 集团荣获“中国行业十佳雇主企业奖”，2007 年荣获“中国人力资源管理杰出企业奖”。

如今，人才是企业竞争能否取胜的关键，当然，人才问题也不容易解决。国内著名的涂料企业非常少，企业间竞争最为激烈的是渠道和终端竞争，在这个行业内稍微有点名气的人才很容易被其他企业看中并挖走。M 化工集团人力资源中心有这样一项考核指标，即季度离职率≤3%，主动离职率≤2%；同时 M 化工集团还制定了多项政策，以保障人才的良性发展，通过这种机制，不但培养了人才也留住了人才。具体来说，包括以下六个方面：

1. 竞聘通行证

每年集团都会对核心团队进行人才认定，颁发核心团队成员证书，增加核心团队的荣誉感，而且对关键岗位全部实行竞聘上岗。凡是拥有核心团队证书的人员享有资格审核通行证，可以在同级或高一级任何性质的职位直接进入竞聘面试阶段，参加答辩。

2. 职业发展建议

对于核心团队人员，集团由人力资源中心牵头，每年 12 月对所有核心团队成员面谈一次，并给出书面的新一年职业发展建议，经总裁审批后每年 12 月 20 日前发布。

3. 自由转岗

对于在集团服务满 3 年的核心团队人员，在岗位有空余、同时原岗位又有合适接班人的情况下，可以选择去其他同级或低级岗位工作，即使这些新的职位和他过去的没有任何关联。人力资源中心在每个考核季度最后一个月 20 日前筛选出可自由转岗的职位，经总裁审批后发布。

4. 外派发展

集团选拔优秀人才外派到子公司任董事、总监、副总经理、总经理等职位，根据外派人员的业绩和所在公司的效益，集团将授予优秀外派人员一定比例的所在公司股权。

5. 创业支持

集团成立专门的创业基金。只要在公司工作满 3 年以上的核心团队成员，集团都鼓励他们申请创业基金。通过审核的创业计划书，集团会给其投入大量的创业基金，与员工的智力和技术共同新创公司。

6. 核心团队福利计划

集团应该给员工的家人很多关怀和福利，无论各方面，都应该为员工着想。

由于人有着无止境的人生需求，只有满足他们的基本需求之后，才能留住员工，使其为公司“卖力”，最终促进企业的较快发展。

三、活泼型：快乐环境留人

对于性格活泼的人，作为管理者，要用积极的态度去创造工作的乐趣，不要让员工认为工作就是无休止地加班，就是熬夜以及精神不振。一旦员工认为他的工作无趣，那么恐怕就快要到了离职的边缘。心情愉悦可以产生出最大的工作效率，同时，员工也希望怀着这样的心情，去工作更长的时间。

严谨的工作作风自然被提倡，但严谨可不能等同于严肃。因此，企业面临着这样一个挑战，怎样创造出一个员工乐于工作的环境？下面这些具体建议可供参考。

1. 不要放过周末

“工作了一个星期，累都累扁了。”许多员工都有这样类似的抱怨，因此，周五下班后正是大家放松的好时候。因此，企业不妨包下一块羽毛球场地，或者两道保龄球，让大家健身娱乐一下。

2. 祝贺员工的生日

可以在报纸上刊登小小的祝福贺卡，也可以组织小型的生日聚会，邀请员工的家属。这样的欢乐时刻，应该让员工的全家在一起。当然，在聚会中，可以有些小小的放肆和搞笑，用录音磁带记录每个人祝福的话语。在以后的日子里，这些细节会让每个人觉得回味无穷，可能会成为几个月里大家津津乐道的谈资。

3. 适当地开开玩笑

管理者如果具有幽默素质，那么就是这个企业的幸运了。不要忘记每年的愚人节，开个无伤大雅的玩笑，员工宁可信以为真。说出一句昨晚电视剧里的经典台词，可能也会在企业里被传诵一整天。善意的小玩笑带给大家的快乐无与伦比。当然，在玩笑过程中切忌嘲弄别人。

4. 适当的间歇休息

很多管理者要求员工进入企业就开始埋头苦干，甚至连说几句话都要看管理者的脸色，这样的工作环境不利于员工的身心健康。“磨刀不误砍柴工”，适当的休息会带来更高的工作效率。

5. 采用灵活的工作方式

就工作本身而言，有些员工能够自己规定工作的方式。他们会提出更有效率的工作程序，虽然它与企业既有政策不符。你要注意这些情况，当员工认为自己有能力进行积极的改变，要倾听他们能做出什么贡献。当员工完全有能力完成业绩时，要让他们自己决定怎样去做。人们做事的顺序不同，做事的节奏不同，但只要使自己更舒服、更有效率，并且达到预期的效果时，管理者都不应加以否定和阻止。

6. 设计个性化的工作场所

在场所布置中应留给员工个人的空间。例如，在办公桌上放置家庭照片，案头摆放盆景或花束，墙壁上悬挂有趣的装饰，等等。有的企业甚至许可员工将个人空间装饰成自己喜欢的颜色，使得整个工作场所看起来相当有趣。

7. 组织员工参加公益活动

在企业中招募志愿者参加某些公益性的社会活动，如希望工程、青年志愿者、民间基金会、扶贫活动等，也可以组织员工参加其他社区活动，如文化知识竞赛、社区体育大会等。在社会活动中，培养员工作为企业一分子的自豪感与荣誉感，以增强其团队精神，而且这样的活动也是企业内部互相沟通的好机会。

8. 庆贺每一次成功

成功的时刻最令人难忘，那么，管理者就应为这份难忘推波助澜。不管成功的大小如何，大到赚了几百万元，小到签订了一份难得的合同，都是值得肯定而又欣喜的理由。大有大的庆贺方式，小有小的庆贺手段，可以在饭店潇潇洒洒地吃大餐，也可以在办公室搞一次纯粹的自助，甚至仅仅是在俱乐部里简单而痛快地聊天。

9. 营造家庭般的氛围

在企业中，每个员工都是独立的个体，但同时他们又紧密地联系在一起，有着相同的信念，彼此尊重与忠诚，共同担负起企业的荣辱。这样，在企业文化中，潜移默化地培养员工的家庭意识，不少分歧就可以通过情感因素化解了。

四、感情型：感情管理留人

对于那些重感情的员工，作为中层经理想要留住他们，就要学会感情管理的一些艺术，下面是一些方法。

1. 要有“情感留人”之心

“情感留人”的工作看似很难做，其实还是比较容易的，关键看管理者是否待人真诚。如果优秀人才对管理者和企业有感情，即使别的地方条件好、待遇高，也往往是想走而舍不得走。这就是“情感留人”的神奇魅力。“情感留人”除了真诚相待之外，管理者还得经常体察下情，真诚地为员工排忧解难，员工才会从心里信任和依赖你，就会由衷地拥戴你。总之，有了情感，员工就会与你同甘苦、共患难，哪能轻易说走就走？

“情感留人”其实也是一种为政之道。会不会当管理者，在一定程度上，就是看你会不会团结人，会不会发挥员工的才干。在员工中没有威信、跟员工有感情隔膜的管理者，缺乏“情感留人”的思想意念，即使企业条件优越、待遇优厚，也是难留住人，没有人真心实意跟着你一起打拼创业，你这个管理者就难以做出业绩，企业也不可能有乐观的前景。

2. 要有“情感留人”之艺

人才中多数是专才，要根据人才专业特长，把人才用到适合其发挥专长的岗位上，才能实现人才资源的最佳配置。作为企业的管理者，最忌只用个人才华来运作一个单位，应充分发挥其他人的才干，即使管理者有极强的业务能力，也不应放弃自己的根本职责——协调各方面人才，最大限度地发挥集体的智慧和力量。

在人才使用上，要充分信任、放手使用，当他们工作中遇到困难或挫折时，要给予鼓励和支持，对于他们生活中的实际问题，要尽可能地帮助解决；同时，人才要能经得住困难与逆境的磨炼和考验，在用人时要善于把握和利用。有些管理者常常有这样错误的思想意识：员工实现了工作目标，完成了工作任务，那是应该的，是他们的“分内”事，从而不加以重视，甚至连一句“谢谢你”“辛苦了”“干得好”之类的话也没有。这样，人才流失只是迟早的问题。其实，对人才的激励不一定都要体现在金钱待遇上，有时一句口头上的赏识和表扬，都能让员工心存感激，达到“情感留人”的目的。

3. 要有“情感留人”之法

人道之极，莫过爱敬。这种爱才之心源于对事业的责任，但凡真正的人才，对物质待遇的要求往往并不高，他们关心、看重的是自己的才华能否施展、抱负能否实现，所以，发挥人才的作用是最大的爱才。要把爱才之心体现在对人才的培养和锻炼上，改变对人才重使用、轻培养的错误倾向，实现人才梯队的持续发展，使得人才辈出。同时，管理者要特别注重对青年人才的培养，要把他们放在关键岗位和艰苦环境中锻炼，敢于给他们压担子，使他们挑大梁、唱主角，通过艰苦环境和实际工作增长他们的才干，砥砺他们的作风。管理者对员工要做“鼓人心、暖人心、稳人心”的工作，必须要有一副热心肠，一颗火热的心，与员工应建立平等、友爱、团结、互助的伙伴关系，营造和谐融洽的工作氛围。

管理者要把员工当做知心朋友一样交谈，让复杂的思想问题在笑声中得到解决，让激昂的情绪在幽默中得到融通，让员工轻装上阵，更好地在自己平凡的岗位上做出佳绩。从一定程度上说，情感投资是留住人才的绝佳选择。

卓越中层的管理法则 *19*：待遇留人，感情留心，事业留魂，文化留根。假如留不住优秀下属，你只能为别人做嫁衣，为同行培育强大的竞争对手。

第四节　构建和谐的上下关系

一、以诚相待，避免开“空头支票”

生活中，常有些人喜欢顺口答应别人事情，而事实上却无法做到，这就叫做“空头支票”。

身为中层经理尤其要避免这点。有些刚上任的主管，由于过分相信自己的实力，很轻易地就会答应下属：“……过些时候我可以指导你。”然而往往却做不到。这样很容易就在下属心中留下一个“不守信用”的印象。因此，对于一个领导而言，空头支票绝不能开，一是因为它失去章法，二是因为失信于人。

有一家外贸公司的市场负责人王先生，很想解决分公司不利于销售业绩提升的问题，于是就向总公司提出种种要求。当他每一次出差到总公司去时，就说：“我那边的产品A销售不佳，要求减少该产品的供应量”“目前我那边产品B销售量增加，应该适当地增加货源”“顾客普遍要求送货上门，我们是否考虑开办这项业务，方便顾客也能保持客源。”等每一次他提出这些问题时，销售科长都会回答他说：“是这样啊！晓得了，我可以考虑一下。”或“我可以和上司商量一下，以后再说好了。”就这样，总是无法给他一个明确的答复。

一月两月很快地过去了，而销售变动的只有申请中提到的那些事而已。王先生于是想尽各种办法，通过厂长向总公司的常务董事提出报告。常务董事听后说：“原来是这样，我晓得了。我会好好安排，去让销售科长办妥此事。”王先生从常务董事处听到此消息后，非常高兴，以为销售问题即将解决，于是告诉员工和顾客问题很快会解决，只是时间的问题。

又过了三个月，却毫无动静，到了第六个月，才有了小的销售变动，不过，只是些表面的工作而已。到此，下属和顾客对王先生的不信任感，越加强烈了。其实，王先生确实做了很大的努力，而其下属和顾客仍不免在背后批评他。由于他急于解决问题，却又处理不当，徒然惹来这些非议。

这个例子很具代表性。很多时候，当主管听到下属请求时，往往认为事情颇易实现，便一口答允，而不详加考虑各种情况。事后，由于情况变化，或本身判断错误，以致发生执行上的困难，而失信于下属。此时，唯一的解决之道即是——道歉，真诚的请求下属原谅。如此，下属必能释怀。可惜，大半主管都不愿意认错，而佯装不知道，因此下属不信任这样的主管是有理由的。

事实上，凡是那些喜欢开空头支票的上司，结果无一例外是众叛亲离。

作为一个中层经理，记性一定要好，既要记得下属的名字，更要记得曾对下属说过的每一句话。切记不要忘记你曾说过的话，否则你将失去上司的信誉。

罗克是一位小学校长，为了激发全校师生的读书热情，罗克曾公开打赌：如果全校师生在10月8日前读书12万页，他将在8日那天爬行上班。

全校师生都动员起来了，终于在10月8日前读完了12万页书。有的学生打电话给校长："你爬不爬？说话算不算数?"也有人劝他说："你已达到激励大家读书的目的，不要爬了。"可是罗克坚定地说："一诺千金，我一定爬着上班。"

说到做到，8日这一天，罗克真的经过2小时的爬行，到了学校。在这期间，他磨破了4副手套，护膝也磨破了。到达学校时，全校师生夹道欢迎自己敬爱的校长。

信誉是一种巨大无比的影响力，也是一种无形的财富。中层经理如果能赢得下属的信任，众人自然就会无怨无悔地服从他、尊敬他；反之，如果经常言而无信、出尔反尔、表里不一，别人就会怀疑他所说的每一句话，所做的每一件事。日本经营之神松下幸之助说过："想要使下属相信自己，并非一朝一夕所能做到的。你必须经过一段漫长的时间，兑现所承诺的每一件事，诚心诚意地做事，让人无可挑剔，才能慢慢地培养出信用。"假如你要增进更多的领导魅力，必须努力做好一件事：让你的伙伴称赞你是一位言行如一的人。

如果一位主管在他下属的心目中是一位值得完全信赖的人，他一定是一位成功的上司。在领导与改革方面研究最有成效的管理学大师华伦·班尼斯所作的一项研究结果发现，人们宁可跟随他们可以信赖的人，即使这个人的意见与他们不合，也不愿意去跟随意见与他相合，却经常改变立场的人。前后一致与专心致志是人成功的两大因素。班尼斯所称的前后一致，就是指领导人要言行一致，让人觉得足以信赖。

高层主管都应当谨记在心：信赖为成功中层经理的宝贵资产。好事不出门，坏事传千里。因此，中层经理必须投注更多的时间，长期地培养自己的信用，并小心维护自己的声誉。你必须更加谨言慎行，一次失信就可能会造成永远无法弥补的致命伤，因此想建立你个人的信用，提高信誉，你必须注意不要犯错，甚至要达到永不犯错的地步。并且你要经常问自己："下属到底有多信赖我？"

纵然领导形态有所不同，每位领导人都有或多或少的缺点。但是，成功的领导人一定具备言行如一的特质。他们言行一致，坚守道德原则，必要时能挺身而出，为坚信的价值观奋斗、辩护；并不是口里讲、笔下写，而实际上做的却是另外一套。在目前激变的时代里，只有这样才比较容易赢得下属们的爱戴和建立信誉。

二、学会民主管理与参与式管理

为什么称为民主管理呢？它是相对于绝对服从、绝对权威的管理而存在的。所谓民主管理，就是管理者在"民主、公平、公开"的原则下，科学地将管理思想进行传播，这样可以协调各组织之间的行为，最终更好地管理。因此，民主管理即符合人们的心理要求或"以人为本"的管理思想，也是管理者所追求的一种管理艺术，即一种被管理者意识不到的正在接受的管理，事实上，他却正在接受管理的积极性，唤醒人的主体意识，弘扬人的主体精神，发挥人的主体能力。因此，民主管理又是一种群众参与下的多数人管理多数人的管理。

正因为企业有了民主管理，才能进一步构建企业民主管理体系、推进企业民主管理进程，而民主管理的概念则是所有这些的基础，它是一个关系到职工民主权利是否能够真正落实，乃至企业在全球竞争中是否能够生存和发展的大问题。企业民主管理，主要是通过工会代表和组织发动职工民主参与企业经济活动和管理活动，实施群众监督，促进企业决策民主、利益关系公平公正、职工团结和谐，由此可见，民主管理是构建和谐企业的强大动力。

要想建立和谐的企业，需要实行民主管理。要想充分发挥企业民主管理的重要作用，需要相关机制建设的配套和完善。以下几个方面应当做到：

1. 完善职代会制度，确保民主管理工作的落实

企业职工开展民主管理的最主要渠道就是职代会，如果职代会机制具有完备性和有效性，职代会职权能就能真正落实，所以应建立与之相配套的制度及机制。如建立职代会组长联席会议制度、职代会督办事项检查汇报制度、职工代表巡视及质询制度等。

2. 强化劳动争议调解机制，促进企业劳动关系的和谐

劳动争议调解委员会工作的依据就是企业制度，同时也要遵守法律规定，不断开展信访和调研工作，完善企业领导每周接待日制度。针对职工的难点、热点问题，要与职工“零距离交谈”，宣传政策，听取意见，化解矛盾。

3. 完善厂务公开机制，用“透明”共铸和谐

在进行民主监督的时候，应当实行厂务公开，只有这样，才能让职工知情、参与、监督。只有知情，才能参与，落实“知情权”是为了更好地行使“参与权”。从这个意义上讲，厂务公开是职工行使民主权利的一个平台。

4. 建立和完善平等协商、集体合同制度

只有这样，才能维护企业职工间的和谐劳动关系。在协调劳动关系中起着最重要作用的是集体合同，它能促使劳动关系在合同框架内达到高度的协调。所以，企业应重视并认真实行平等协商和签订集体合同制度，通过这一机制更好地保障职工的合法权益。

只有每个员工有很好的业绩，企业才会创造好的效益。企业只有把员工当成家人一样看待，不断为员工谋福利，才能实现企业的跨越式发展。要使员工对工作充满热情、保持高昂的斗志，可以有多种激励方式，但有一种方式是最经济、成本最低的，那就是员工参与。

什么是参与管理呢？它是指在不同程度上让员工和下属参加组织的决策过程及各级管理工作，在这一方面，所有的员工与企业管理者处于同等地位，关注并研究和讨论组织的重大问题，使他们体验出自己的利益和组织的发展密切相关，从而产生强烈的责任感。参与管理为员工提供了一个取得别人重视的机会，从而给人一种成就感。参与管理既对个人产生激励，又为组织目标的实现提供了保证。

联想集团的柳传志说，在联想集团建立之初，公司采用“自上而下”的方法来领导管理团队，这也就是我们所熟知的“指令式”方法；之后，很多高素质的年轻人加入其中，他就把指令式的方法改为所谓“指导式”的方法；后来，他就把工作方式逐渐改为“参与式”，由下提出计划，他来提供意见。

比尔·波拉德在《企业的灵魂》一书中写道：“员工不仅仅是一双手，而是有思想有创造力的集体，他们能够主动改变公司的各个方面。”毋庸置疑，真正能够推动公司发展的创新大都来自于第一线的头脑；一个公司经营的萎缩，也都从员工思想的僵化开始。因此，中层领导的任务之一，就是要激活员工的思维活力，打开言路，建立起一个充满想象空间的交流平台，使员工成为有思想的实践者。

一个企业经营的好坏，虽然与老板的决策和管理有着密不可分的关系，但与下属的工作态度也有很大的关系，在很多时候，员工的表现对企业的发展起着至关重要的作用。中层经理在处理比较复杂棘手的问题时，一定要深思熟虑，但一个人的思路毕竟有限，不妨听听来自各方面的意见，权衡利弊，综合判断，得出正确结论。

实际上，每个人的知识、经验和能力毕竟是有限的，只有博采众长，发挥团队力量，才能从各个层面上对决策不断完善，确保其正确可行。集思广益，广泛地听取别人的议论，对于成功决策是大有裨益的。

三、尊重你的下属

每个人都有自尊心，每个人都有被尊重的需要，作为单位下属的人也不例外。如果能得到领导的尊重与信任，他们的工作热情会上升，工作效率会提高；相反，则会下降，从而影响公司效益。

每个人都有自己的长处，每个人都有其重要之处，每个人都可能发挥出令人意想不到的作用，只要作为领导的你识人善用，给他机会，他就会为你创造效益。

玛丽·凯是美国玛丽·凯化妆公司的创始人兼董事长，她在谈到自己的领导方法时，曾说过："每当我看见某个人，我就想象对方身上有一个看不见的信号，让我觉得他很重要；我还会立即响应这个信号，结果每次都有意想不到的效果。"接下来她讲述了一段被人冷淡的难堪遭遇。

当时她还在一家公司做普通职员，一次，她与同事一起等待与美国总部的策划部经理握手，等了许久，她才走到经理面前，手是握了，但策划部经理那种漫不经心的神态，似乎根本不把玛丽·凯放在眼里，这深深地伤害了玛丽·凯的自尊心。所以在她创办玛丽·凯化妆品公司后，每次与员工见面，不管自己多么忙、多么累，都是专心致志，一丝不苟地与他们握手、交谈，这就使每个员工感觉自己是重要的。这样一来，员工为报答你的知遇之恩，便会更加积极努力地去工作。

洛克菲勒曾说："我会付更多的薪水给擅长待人，而非擅长处理事务的人。"事实证明，一个只会计算钱财、物资的企业永远都不会比一个会招揽人的企业更兴旺发达。

西魏时，北雍州一带社会动荡不安，经常有盗贼出没，因为这一带山林茂密，地势险要，便给了盗贼优越的地势，地方官员也无计可施。

当时，韩褒任雍州刺史，面对此种境况，他又何尝不急，于是便命手下秘密调查，结果手下来报，盗窃案件都是当地的豪门子弟所为。这可如何是好？韩褒左思右想，终得一妙计。

他把本地豪门望族都召到府衙，诚恳地对他们说："本官乃是一介书生，哪里通晓缉拿盗贼，所以，只好请诸位来帮我共同处理这一难题了。"说罢，便划分地段，命那些平日在乡里为非作歹的人作主管，进行管辖。发现盗贼而不捕获者，按同谋罪论处。如此一来，暂时任主管的青年，无不害怕，纷纷自首："前时发生的盗窃案件都是小人所为。"然后把所有党徒团伙的姓名全部供了出来，并交代出那些已逃跑党徒的去向和藏身之处。

韩褒拿过名单，叮嘱了那些主管一番，便让他们各自回家。第二天便在州城门上贴出告示。通告那些干过盗窃勾当的人，快来自首，其罪可免，如果一个月内还不来自首，除当众处决本人以外，还要将其妻儿赏给已自首的人。

果然，十天不到，所有盗贼统统自首。韩褒拿过名单核对，一个不漏。但是韩褒却赦免了他们的罪，给了他们重新做人的机会。从此这帮盗贼再也不为非作歹了。

人的内心深处都有尊严，无论他品行有多么恶劣。他们作恶多端，违反伦理道德，被人瞧不起，于是他们便破罐子破摔，愈加放纵。尊严也随之抛于脑后了。因为别人对他们已不尊重，对他们只有谴责与诅咒。但是，如果你赏给他们脸面和权力让他们去管他人的恶劣行为，不仅可以让他们认真负责，更为重要的是，他们恢复了自尊，开始对自己负责，开始把自己当常人看待。

优秀的中层经理不妨尊重你的下属，让他为你效力。